中国工程科技发展战略四川研究院
战略研究与咨询项目系列丛书

四川省特色优势食品制造业升级的核心创新要素与路径

陈　功　张其圣　主编

中国轻工业出版社

图书在版编目（CIP）数据

四川省特色优势食品制造业升级的核心创新要素与路径／陈功，张其圣主编．—北京：中国轻工业出版社，2024.4
ISBN 978-7-5184-4882-1

Ⅰ.①四…　Ⅱ.①陈…②张…　Ⅲ.①食品工业—产业发展—研究—四川　Ⅳ.①F426.82

中国国家版本馆CIP数据核字（2024）第034919号

责任编辑：王庆霖
策划编辑：李亦兵　王庆霖　　责任终审：劳国强　　封面设计：锋尚设计
版式设计：砚祥志远　　责任校对：朱　慧　朱燕春　　责任监印：张　可

出版发行：中国轻工业出版社（北京鲁谷东街5号，邮编：100040）
印　　刷：三河市万龙印装有限公司
经　　销：各地新华书店
版　　次：2024年4月第1版第1次印刷
开　　本：787×1092　1/16　印张：7
字　　数：161千字
书　　号：ISBN 978-7-5184-4882-1　定价：140.00元
邮购电话：010-85119873
发行电话：010-85119832　010-85119912
网　　址：http://www.chlip.com.cn
Email：club@chlip.com.cn

231930K1X101ZBW

本书编委会

顾　问：石　碧　谢明勇

主　编：陈　功　张其圣

参　编：邓维琴　范智义　李洁芝　王相甫
刘万霞　陈　戟　范　雪　易俊娥
熊　涛　李　恒　陈宏毅

内容简介

本书以习近平新时代中国特色社会主义思想为指引，全面贯彻党的二十届二中全会精神和《中国制造 2025》行动纲领，立足新发展阶段，践行新发展理念，服务和融入新发展格局，以“大食物观”统揽产业发展目标，对四川省食品制造业展开深入研究。针对四川省食品制造业高质量发展和升级的迫切需求，立足区域资源禀赋和独特饮食文化，在充分把握全球制造业升级特征和国内外食品产业现状的基础上，总结发达国家和地区取得的成功经验，借鉴其先进做法，深入解析食品制造业升级的科学内涵；剖析四川省食品产业所处的环境、存在的机遇和面临的挑战，梳理四川省既具竞争优势，又有地域特色的食品制造业门类；聚焦特色优势产业，根据产业具体发展情况，分析其优势和不足，探寻促进和掣肘产业升级的深层次原因，以及带动产业升级的核心创新要素，提出具有前瞻性、切合省情的发展路径，为四川省特色优势食品产业发展和体制机制创新提供参考。

目　　录

绪论

食品是关系国计民生的重要战略物资，食品制造业更是国民经济发展的重要支柱。四川省集农业大省、产粮大省与人口大省于一体，近年来其食品制造业迅速发展，2022 年食品饮料产业营业收入超过 8500 亿元，产值已居全国第三位。然而，与世界发达国家和国内发达地区相比，四川省食品制造业技术水平和盈利能力相对落后，产业规模与农产品生产大省的地位不相匹配，产业结构和形态仍有待优化，食品制造业升级发展已成为全省食品行业的普遍共识。

本书以习近平新时代中国特色社会主义思想为指引，全面贯彻党的二十届二中全会精神和《中国制造 2025》行动纲领，立足新发展阶段，践行新发展理念，服务和融入新发展格局，以“大食物观”统揽产业发展目标。主要政策依据包括：《中华人民共和国国民经济和社会发展第十四个五年规划和 2035 年远景目标纲要》《“十四五”智能制造发展规划》《“十四五”工业绿色发展规划》《“十四五”全国农产品质量安全提升规划》《四川省“十四五”规划和 2035 年远景目标纲要》等。

本书紧扣四川省食品制造业高质量发展和升级的迫切需求，深入解析食品制造业升级的科学内涵，充分把握全球制造业升级特征和国内外食品产业现状，总结发达国家和地区取得的成功经验，借鉴其先进做法；剖析四川省食品产业所处的环境，存在的机遇和面临的挑战，立足区域资源禀赋和独特饮食文化，梳理其既具竞争优势，又有地域特色的食品制造业门类；聚焦特色优势产业，根据产业发展具体情况，明确成就和短板，探讨掣肘产业升级的深层次原因及带动产业升级的核心创新要素，提出具有前瞻性、切合省情的发展路径，为四川省特色优势食品产业发展和体制机制创新提供参考。

本书编写的基本原则：

（1）**放眼全球格局，聚焦价值链条**　准确分析当前全球制造业价值链分工格局和新一轮科技革命趋势，认清食品制造业升级的特殊性，充分借鉴发达国家产业升级的经验教训，高瞻远瞩，着眼于食品制造业未来 10～20 年的升级形势，从提升产业价值链地位出发，研判食品制造业升级的重点方向。

（2）**统筹发展思路，突出优势特色**　立足四川省社会经济发展实际情况，从深度融入内循环、统筹食品制造业全域全链发展的角度出发，全面梳理四川省食品制造业特色和优势，阐明形成食品制造业瓶颈和短板的共性原因，提出四川省食品制造业升级发展的重大需求。

（3）**融合高级要素，培育全新路径**　以企业和政府行为为重点研究对象，以要素化的角度拆解产业价值分配结构，强调市场在要素高效配置中的决定性作用，发掘自主和开放环境中食品产业升级的一般规律，突破食品制造业发展中的路径依赖，寻求产业升级的全新路径。

本书的相关课题由谢明勇院士担任负责人，张其圣任执行负责人，通过研判食品制造业升级发展的关键要素和路径，旨在更好地统筹食品产业质量提升和合理增长，加快建成绿色智能、链条完善、特色鲜明、带动效应突出的现代食品产业体系，充分释放四川省食品制造业的增长潜力，推动经济高质量发展，满足人民群众对美好生活的向往，为治蜀兴川、全面乡村振兴和共同富裕提供产业支撑。本书在编写过程中，得到有关领导和专家的大力支持，在此一并致谢！

第一章

食品制造业相关概论

第一节　制造业概论

制造业是指机械工业时代利用某种资源（物料、能源、设备、工具、资金、技术、信息和人力等），按照市场要求，通过制造过程，转化为可供人们使用和利用的大型工具、工业品与生活消费产品的行业。人们广泛认为的制造业包括第二产业中扣除采掘业、公用业（资源供应）和建筑业后的 31 个行业类别。制造业内部涵盖了从原材料、中间产品到最终产品生产与流通的一系列环节，外部与农业、服务业等产业领域关联互动，将产业链、供应链体系有机串联，为经济和社会发展提供必要的物质支撑。

新中国成立以来，尤其是改革开放以后，我国丰富的人力资源、巨大的消费市场和不断优化的投资环境，为制造业的快速发展提供了良好条件。目前我国已形成了世界上规模最大、品种最全的制造业体系，拥有联合国产业分类所列的全部工业门类，制造业规模、产能和产值均连续多年保持世界第一，并在中间品和零部件生产贸易中具有绝对优势。2021 年，我国制造业完成了 4. 87 万亿美元的产值，占当年世界制造业总产值的 30. 43%，与美国、欧盟等国家和地区的制造业总量基本持平，超过 100 家制造企业进入“财富世界 500 强”（图 1-1），成为名副其实的制造业大国。制造业的快速发展带动了我国经济社会的快速进步，成为我国的立国之本、强国之基。

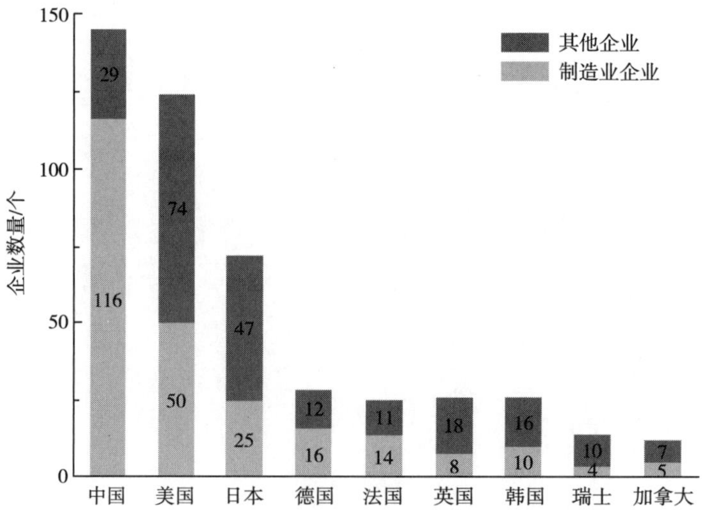

图 1-1　2021 年各国“财富世界 500 强”企业分布

制造业所具备的多重社会功能（图 1-2），使其成为推动全球经济发展最重要的基础产业和各国国力竞争博弈的焦点。以美国和欧盟为首的西方发达国家和地区，在三次产业革命中抢占先机，基于雄厚的技术创新能力，控制着制造业中高门槛、高利润的生产环节，将高端商品出口到世界各地。广大发展中国家则依托其资源优势，通过承担原料提供、加工组装等生产环节创造价值。这一模式下，西方发达国家持续获取高额回报的同时，利用其“链主地位”不断强化对价值链的治理，维护和巩固其在全球政治经济中的主导地位。

图 1-2　制造业的社会功能

然而，近三十年来世界范围内科技革新速度的减缓。资源、成本构成的变动和金融、服务等产业的兴起，使发达国家“去工业化”进程明显加快，美国、欧盟各国和地区经济重心已逐渐由实转虚。统计数据表明，美国 25.46 万亿美元的 GDP 中，80% 来自服务部门的贡献，相比之下，制造部门只占 GDP 的 10% 左右。2022 年世界工业总产值中，美国贡献了大约 18% 的份额，与 20 世纪 50~70 年代超过 40% 的世界工业产值占比相比明显下降。2022 年，欧盟制造业增加值占世界制造业增加值总和的 14.38%，同样远低于 1998 年的 24.27%。虽然欧美各国制造业产值份额已大幅降低，但其凭借领先的技术实力和基于产业关联效应、知识溢出效应和外汇储备效应的高端服务业体系，仍在世界制造业格局中处于主导地位。

在全球制造业格局加速调整、全球产业链供应链加速重构的当下，我国制造业正处于发展方式转型和新旧动能加快转换的关键阶段，面临着前所未有的挑战。首先，供需结构性矛盾的凸显，传统制造业扩张面临市场饱和、产能过剩的制约，但由于就业带动和产业融合中对初级加工品的需要，传统低端制造业无法完全被取代，一定时间内呈现出传统产能和高端产能胶着竞争的局面。其次，制造业高端化发展必然会影响到老牌发达国家的优势地位和既有利益，发达国家通过强化价值链治理，不断提升优势产业竞争力，并对后发国家的优势产业进行打压和排挤。近年来，美国主导下技术民族主义兴起蔓延，一方面竭力摆脱对我国供应链的依赖，另一方面则强化了对我国企业投资和技术并购审查，并利用“长臂管辖”加强对我国高端产业的技术封锁。2019 年，美国对我高技术产品出口比 2017 年下降超过 10%，我国制造业传统的“引进-消化-吸收-再创新”的技术发展模式遭遇空前阻击。

面对日益复杂的国内外形势推动制造业高质量发展和转型升级成为建设现代化经济体系的内在要求和巩固制造强国地位的重中之重。2015 年，我国立足国情，立足现实，制定了推动制造业发展的《中国制造 2025》行动纲领，并明确了制造强国“三步走”

的战略部署。第一步，到 2025 年，中国制造业进入制造强国第二方阵，迈入制造强国行列；第二步，到 2035 年，中国制造业将位居第二方阵前列，成为名副其实的制造强国；第三步，到 2045 年，中国制造业又大又强，从世界产业链中低端迈向中高端，中国制造业进入第一方阵，成为世界领先的制造强国。国家“十四五”规划和 2035 年远景目标纲要针对制造业发展也强调：“坚持自主可控、安全高效，推进产业基础高级化、产业链现代化，保持制造业比重基本稳定，增强制造业竞争优势，推动制造业高质量发展。”

第二节　制造业的分类

依据《国民经济行业分类》（GB/T 4754—2017），我国制造业涵盖了行业代码为 C13~C43 的 31 个门类（表 1-1），涉及社会生活的各个领域。大体分为三类：第一类是轻纺工业，包括食品、饮料、烟草加工、服装、纺织、皮革、木材加工、家具、印刷等，占我国制造业比重约 30%；第二类为资源加工工业，包括石油化工、化学纤维、医学制造、橡胶、黑色金属、塑料等，占 34%；第三类为机械、电子制造业，包括机床、专用设备、交通运输工具、机械设备、电子通信设备、仪器等，约占 36%。

表 1-1　制造业包含的行业类别（GB/T 4754—2017）

代码	行业名称	代码	行业名称
C13	农副食品加工业	C29	橡胶和塑料制品业
C14	食品制造业	C30	非金属矿物制品业
C15	酒、饮料和精制茶制造业	C31	黑色金属冶炼和压延加工业
C16	烟草制品业	C32	有色金属冶炼和压延加工业
C17	纺织业	C33	金属制品业
C18	纺织服装、服饰业	C34	通用设备制造业
C19	皮革、毛皮、羽毛及其制品和制鞋业	C35	专用设备制造业
C20	木材加工和木、竹、藤、棕、草制品业	C36	汽车制造业
C21	家具制造业	C37	铁路、船舶、航空航天和其他运输设备制造业
C22	造纸和纸制品业	C38	电气机械和器材制造业
C23	印刷和记录媒介复制业	C39	计算机、通信和其他电子设备制造业
C24	文教、工美、体育和娱乐用品制造业	C40	仪器仪表制造业
C25	石油、煤炭及其他燃料加工业	C41	其他制造业
C26	化学原料和化学制品制造业	C42	废弃资源综合利用业
C27	医药制造业	C43	金属制品、机械和设备修理业
C28	化学纤维制造业		

《辞海》中根据在生产过程中对不同生产要素的依赖程度，将各类产业划分为资本密集型、劳动密集型、技术密集型、资源密集型等。资本密集型产业是指需要较多资本投入的产业，一般被看作是发展国民经济、实现工业化的重要基础，如钢铁业、电子与通信设备制造业、运输设备制造业、石油化工、重型机械工业、电力工业等；劳动密集型产业的衡量标准是在生产成本中工资和设备折旧与研究开发支出相比所占比重较大，如服装纺织业、酒店餐饮服务业、食品制造业、建筑施工及物业服务、文教体育用品制造业、金属制品加工业、日用百货业、文化旅游业等；技术密集型产业，又称知识密集型产业，一般资源消耗低，技术和知识发挥的作用重大，科研费用、劳动者文化技术水平和产品附加价值均较高，如电子计算机工业、机器人工业、航天工业、生物技术工业、新材料工业等；资源密集型产业，又称土地密集型产业，在生产要素的投入中需要使用较多的土地、森林、江河湖海和各种矿产等自然资源才能进行生产，如种植业、林牧渔业、采掘业等。

第三节　食品制造业及其相关概念

食品工业是指以农副产品为原料通过物理加工或利用酵母发酵的方法制造食品的工业生产部门，其原料主要是农、林、牧、渔及副业部门提供的初级产品。根据《国民经济行业分类》（GB/T 4754—2017），食品工业涉及国民经济行业分类中的 3 大类（农副食品加工业，食品制造业，酒、饮料和精制茶制造业）、18 中类和 61 小类，覆盖制糖、制盐、罐头、焙烤、乳品、酿酒、添加剂、发酵等多个工业门类。其中，食品制造业包括 7 个行业中类：焙烤食品制造，糖果、巧克力及蜜饯制造，方便食品制造，乳制品制造，罐头食品制造，调味品、发酵制品制造和其他食品制造（表 1-2）。按照联合国统计数据库的分类标准，食品制造业则包括 10 个类别：肉类及肉制品的生产，鱼及鱼制品的加工和防腐，水果及蔬菜的加工，动植物油和脂的制造，乳制品的制造，焙烤食品的制造，可可、巧克力及糖果的制造，通心面、面条、方便面以及类似的面粉制品的制造，未另列明的其他食品的制造，未另列明的其他化学制品的制造，这大体上涵盖了我国行业分类中食品工业的概念。

表 1-2 食品工业包含的门类（GB/T 4754—2017）

代码	行业名称	代码	行业名称
C13	农副食品加工业	C142	糖果、巧克力及蜜饯制造
C131	谷物磨制	C143	方便食品制造
C132	饲料加工	C144	乳制品制造
C133	植物油加工	C145	罐头食品制造
C134	制糖业	C146	调味品、发酵制品制造
C135	屠宰及肉类加工	C149	其他食品制造
C136	水产品加工	C15	酒、饮料和精制茶制造业
C137	蔬菜、菌类、水果和坚果加工	C151	酒的制造
C139	其他农副食品加工	C152	饮料制造
C14	食品制造业	C153	精制茶加工
C141	焙烤食品制造		

广义上，食品工业这一概念还涉及食品原料采购、加工、包装、储存、销售等各环节的一系列产业，通常应该包含农林牧渔业、食品制造业、食品包装业、食品储存和物流业、食品销售和服务业，以及食品安全、质量检测、标准制定等多个重要环节。烟草工业有时也被计入广义的食品工业。

食品产业除包含食品工业外，还囊括了食品工业链条上游的种植业、畜牧业、捕捞业、林产业，下游的餐饮业、物流业、零售业，以及外围的采掘、建筑、资源提供、其他制造业、高端服务业和文化产业，是与食品工业相关的生产活动的总和（图 1-3）。

可以看出，广义的食品工业与食品产业所涵盖的内容总体是一致的，而食品制造业是食品工业、食品产业中的核心组成部分（图 1-3）。由于食品制造业升级中的核心创新要素与其他关联产业紧密捆绑、相互融合，制造业的研究不应也不能剥离外围产业。因此，本书将使用食品工业和食品产业相关数据来反映食品制造业的相关情况。

食品制造业不仅与人们生活质量、健康水平密切相关，其作为传统劳动密集型制造业，在吸纳和转移农村剩余劳动力、提升工人的劳动技能、构建完整的产业链制造体系等方面也发挥着重要作用。数据显示，包括农副食品加工业、食品制造业、酒、饮料和制茶制造业、烟草制造业、纺织业、纺织服装鞋帽制造业等在内的传统劳动密集型制造业，其规模以上工业企业个数占制造业企业总数的 27. 39%，资产占制造业总资产的 15. 22%。当前，新一轮科技革命和产业变革方兴未艾，全球科技创新呈现出新的发展态势和特征，新技术替代旧技术、智能型技术替代劳动密集型技术的趋势日益明显，我国食品制造业作为传统劳动密集型制造业，生产要素成本低的竞争优势正不断减退，亟待实现转型升级、塑造新的竞争优势。

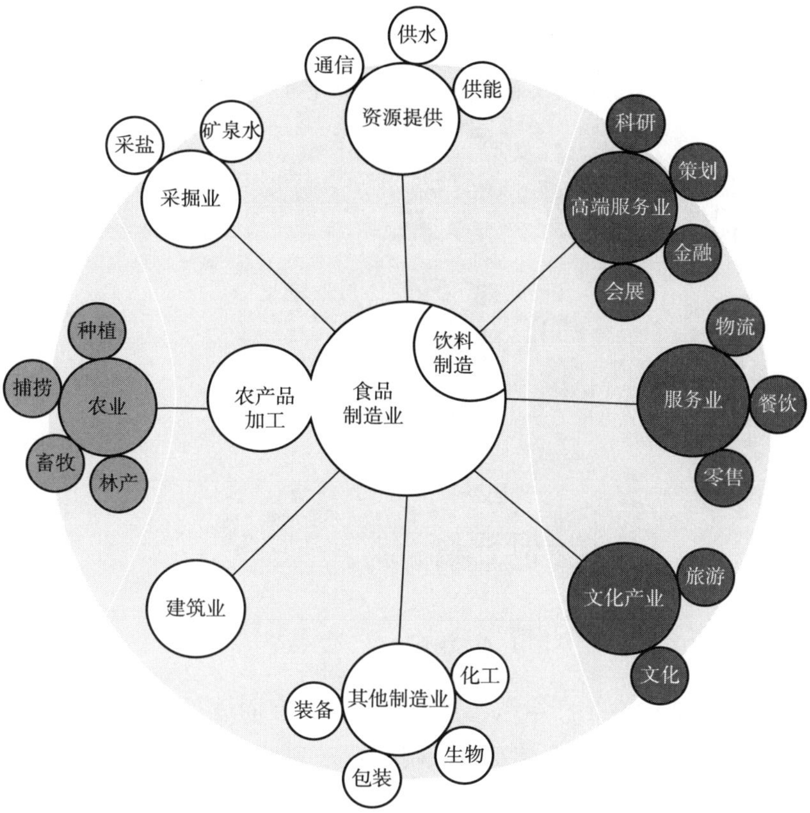

图 1-3　食品产业链概图

第四节　食品制造业升级的特殊性

一、当前环境下制造业升级的内涵

制造业升级是指以提升价值创造能力为目的的生产要素改进、结构优化、效率与质量提高、产业链整合等活动。在资本要素参与下，制造业升级是追求剩余价值最大化的必然要求，它普遍而持续地存在于工业社会发展的各个阶段。随着经济全球化格局的推进、新一代技术革命的推动和能源环境危机的加剧，制造业升级呈现出智能化、绿色化、融合化和柔性化的微观特征，并在增速、占比、发展方向、发展格局等方面呈现诸多宏观特征（图 1-4）。

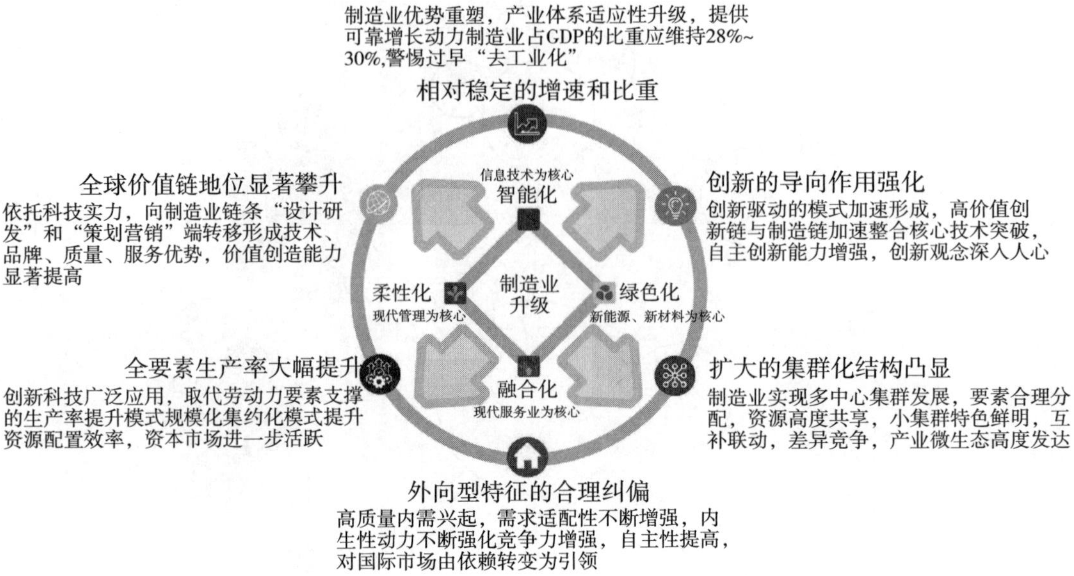

图 1-4 制造业升级的特征

改革开放以来，我国在生产组织、管理和技术等方面进行了大量具有中国特色的创新，通过升级带动了制造业的迅猛发展，制造业的竞争力不断增强。20 世纪 90 年代，我国制造业劳动生产率增长 13.39%，劳动和资源密集型产品的比例持续下降，资本和技术密集型产品的比例不断上升，产业升级特征十分明显。

但是，我国以往制造业的升级大部分是初级要素驱动下的西方产能转移的结果，核心技术和高价值创新对制造业的带动十分有限，产品附加值较发达国家仍旧偏低，大部分制造业门类总体处于价值体系的中下游。与此同时，传统制造业优势渐失，传统升级路径见顶，关键技术遭遇封锁打压，新型升级路径受阻。“传统产业升级难”和“新兴产业生根难”，成为我国制造业经济转型面临的主要困境。

当下，迅猛发展的革命性科技和百年未有之变局为我国制造业的升级突破提供了良好的契机。在此背景下，我国制造业升级需要以大幅提升价值创造效率为导向，通过化解升级需求和核心技术创新困难的矛盾，在改造传统制造业的同时，推动高端制造领域的发展，以维持对其持续增长的拉动作用。因此，制造业升级的本质内涵是产业基础高级化发展、科技创新引领前沿、链式结构完整协调、生态环境和谐适应、竞争优势全球领先和发展成果社会共享等多维度共同推进的现代化过程。

二、升级背景下食品制造业的特殊性

食品制造业是关系民生福祉、扩大消费需求的重要支柱产业，也是农业的直接下游行业，其在赋能乡村振兴，推动农村供给侧结构性改革，第一、二、三产业融合方面具有领头作用。与制造业的其他门类相比，食品制造业诞生最早、门槛最低、刚需性最强、受众最广泛，这使其在当下的制造业升级中，表现出一定的特殊性。

（一）鲜明的农业特征

农产品是食品制造业的直接改造对象，食品制造业也因此被称为农业后工业。这使食品制造业与农业具有先天的紧密联系，并呈现出诸多的农业产品特征。

1. 基础性

食品的刚需特点使其具有广泛的受众和较低的需求弹性。因此，食品与农产品一样被赋予了半公共产品的特点，部分类别的食品价格受到政府的高度干预和调控。在消费水平较低的阶段，食品作为一种必需资料，市场无法反映公众的偏好性。相当长的时期内，各地和各类人群尽管饮食习惯和营养需求有所差异，但对食品的需求却高度趋同。

2. 周期性

农业生产具有天然的周期性和季节性，这一点在食品制造业中同样有所体现。一方面，食品制造业受到农业产品供应的影响，其成本往往呈现出周期波动的特点；另一方面，许多食品的生产和消费具有明显的季节性，在一年中具有淡旺季的区分。食品制造业的这种周期性要求产业在升级发展中必须考虑周期性风险管理和生产的跨周期调节，注重供应链条的稳定性和产能的灵活性。

3. 地域性

各区域不同的生产条件使农业具备强烈的地域性，而受到原料品质、物流成本和方便性的影响，食品制造业往往随原产地布局，在门类上呈现地区化差异。例如，山东烟台和陕西关中的苹果深加工产业、内蒙古呼和浩特的乳制品加工产业、辽宁大连和浙江舟山的海产品加工产业均是依托本地特色资源形成的世界性知名产业集群，食品产业也与农业一样，拥有大量优质的地理标志产品。因此，食品产业的发展必须立足优势，深挖特色，因地制宜，凸显自身品质和成本优势。

4. 复杂性

食品制造与农业生产类似，其提质增效具有较强的技术性。这一方面是由于食品制造对安全性的绝对优先考虑和对稳定温和加工条件的苛求，使制造业常规的技术手段无法简单地应用于食品生产中；另一方面则由于食品质量评价与管理的非直观、难量化、影响因素众多和作用效果滞后的特点，在技术改造中的要求往往更高。但必须看到，食品制造业众多复杂问题的本质，是质量控制和提升的困难，这也是升级发展中应当把握的主线。

（二）对技术和观念革命的响应相对滞后

不同于技术密集型的制造行业，现阶段我国食品制造业在技术革新与进步中明显滞后，整体呈现出对技术改造和新型业态的相对保守态度，这实质上是食品制造业本身特点和发展情况，以及我国当前食品消费需求的综合反映。主要体现在以下两个方面。

从市场需求来看，虽然近年来我国人民生活水平稳步提高，中产阶级和高收入群体不断壮大，催生诸多新兴的消费需求。但是，最新数据显示，2023 年我国居民人均可支配收入中位数仅有 33036 元，大部分人群具有较高价格敏感性的同时，也存在着庞大中低收入市场。这使当前食品制造的经营模式偏向于中低端产品的“薄利多销”，高端食品品类投入巨大但市场反响平平。一部分食品制造企业虽然在规模和能效上存在较大提升空间，但在广阔的下沉市场的支持下，往往安于现状或对升级抱有观望态度，缺乏技术和管理革新的动力。此外，部分消费者缺乏科学的食品质量安全认知，对传统和“天然”的盲目追求也使简单、落后，甚至存在安全隐患的生产过程得以保留。

从行业发展情况来看，许多食品生产企业还处于传统的作坊式生产阶段，尚未实现生产的自动化和管理的规范化，这些企业的制造水平与当前通行的产业升级概念存在“代际断层”，这往往使食品制造业的升级变成生产的“现代化改造”。即便如此，许多食品企业仍无力承担这种“现代化改造”所需要的大规模前期投入，有些食品企业在技术水平和从业人员素质的整体落后，长期游离于现代制造业的技术体系之外，与先进水平的差距越来越大。

（三）竞争型的产业市场结构

食品制造行业门槛较低，投资点多、面广、投资小、见效快，因此市场集中度偏低，参与者众多，许多细分领域呈现出产能分散，竞争激烈的局面（表 1-3），并深刻影响了食品制造业的发展形态。第一，食品工业企业规模普遍较小，利润水平较低，2022 年我国规模以上食品企业数量达到近 4 万家，平均盈利 0. 17 亿元，显著低于汽车制造（0. 32 亿元）和通信设备制造（0. 37 亿元）。2023 年农副食品加工业的利润率仅有 3. 5%，位列 31 个制造业门类倒数第五位，我国还存在着数量庞大的中小型食品企业，其盈利能力往往更弱。第二，食品制造业民营企业众多，食品企业百强中近七成为民营企业，广大中小食品企业中民营占比更高。第三，与高铁、电力、能源等行业相比，食品制造业竞争力的形成和技术的赶超较少依赖政府和国家的全面扶持，其产业发展过程主要依靠市场和企业的自主行为。因此，食品制造业的升级发展必须充分调动广大民营企业的创新潜力，发挥市场配置资源的决定性作用。

表 1-3　2022 年制造业领域排名前十企业的市场占有率（CR10）估计值

制造领域	CR10 估计值	制造领域	CR10 估计值
光伏组件	90%	乳制品	75%
锂离子电池	>80%	调味品	27%
汽车	86%	肉制品	40%

续表

制造领域	CR10 估计值	制造领域	CR10 估计值
船舶	60%	白酒	42%
通信设备	>85%	预制菜	14%

（四）食品制造业升级的“生产率悖论”

经济学中的生产率悖论，是指高速增长的技术投资和缓慢增长的生产率所呈现出的不相称现象，近年来对食品制造业产业升级的研究均表明，升级要素的引入非但没有促进企业效率的提高，反而拉低了行业整体的劳动生产率，“生产率悖论”现象广泛存在。例如，张志强等考察了多家食品上市公司绩效指标和服务化程度的关系，发现现阶段我国食品制造企业服务化程度对其企业绩效产生了负面影响；申丹虹等也指出，人工智能的应用促进了食品制造业的技术进步，却抑制了全要素生产率增长，对于资本密集型和劳动密集型的制造业，人工智能没有起到优化企业制造流程并提高管理效率的作用。

由此可见，当前技术和管理升级的诸多手段对食品制造业生产率的短期提升实际上是无效的，除了升级过程本身的迟滞性外，其根本原因在于现代化技术和管理手段尚处于导入期，与食品制造业实际的需求和生产方式不能完全“接轨”，无法触及食品产业质量控制和提升这一关键问题，其应用难以表现出明显的、立竿见影的优势。一方面，面对质量管理复杂的食品制造过程，新技术、新业务尚无法有效解决生产中的实际问题，反而增加了企业运行的费用。申丹虹等认为，虽然目前食品行业内的智能化设备安装量大幅上升，但多数仍停留在形式层面，尤其是中低技术复杂度的传统工业机器人对生产率贡献有限。此外，人工智能本身的技术狭隘性使食品加工业在利用和发展人工智能技术时处于相对劣势。王丹指出，食品制造业服务化初期，服务业务的开展和服务市场的发现均需要花费一定时间与资源，成本高，利润提升则不明显，企业绩效呈下降趋势。另一方面，在升级过程中，食品制造业也普遍缺乏将新兴技术和管理方式转化应用的能力。申丹虹等认为，食品制造企业普遍缺乏与智能化硬件设备相匹配的人才，基础投入层、生产应用层和产出层之间未实现环环相扣，人工智能投入对产出的贡献往往很低，属于低效率的资本投入和人力投入。

产业升级本身是一个需要大量前期投资的活动，智能化、绿色化装备的应用，服务化、柔性化模式的推广所带来的成本增加不仅令中小制造企业难以承担，相关技术和经营模式的不成熟和回报的不确定性，更使企业缺乏升级的信心和动力。这一点在具备复杂性和技术保守性的食品制造业中体现得最为充分。

虽然当前科技革命和新业态的涌现尚不足以带动食品制造业的快速发展，但必须认识到，随着技术的不断成熟，技术与管理革新的带动效益将逐渐凸显。这要求食品制造业积极融入，立足未来产业的发展方向进行技术和管理的布局和探索。

第二章

国内外食品制造业现状概述

第一节　全球食品制造业发展现状

一、全球食品工业总体概述

食品产业具有鲜明的刚需属性，并与种植业、畜牧业、制造业、物流业等多行业息息相关，这使其在世界经济中占据着重要地位。2022 年全球食品工业收入达 8.2 万亿美元，位居制造业各门类之首。随着经济的发展、民众生活条件的改善及生产制造技术的进步，全球食品产业发展迅速，加工食品市场规模预计到 2023 年将达到 9.43 万亿元，未来五年复合年增长率将达到 6.21%。

发达国家在其良好经济的支撑下，从世界范围内进口各类食品，成为世界食品进口贸易的主要贡献者。与此同时，许多发达国家凭借其发达的农业技术和良好的品牌声誉，食品出口额也颇为可观。发展中国家多数侧重于进口粮食，进口额总体偏低，部分热带国家因其资源禀赋，成为发达国家重要食品来源地（图 2-1）。伴随着消费升级和外汇储备的增加，我国的食品进口规模不断扩大，食品进口额于 2008 年首次超过出口额，并于 2022 年成为全球第一大食品进口国（图 2-1）。

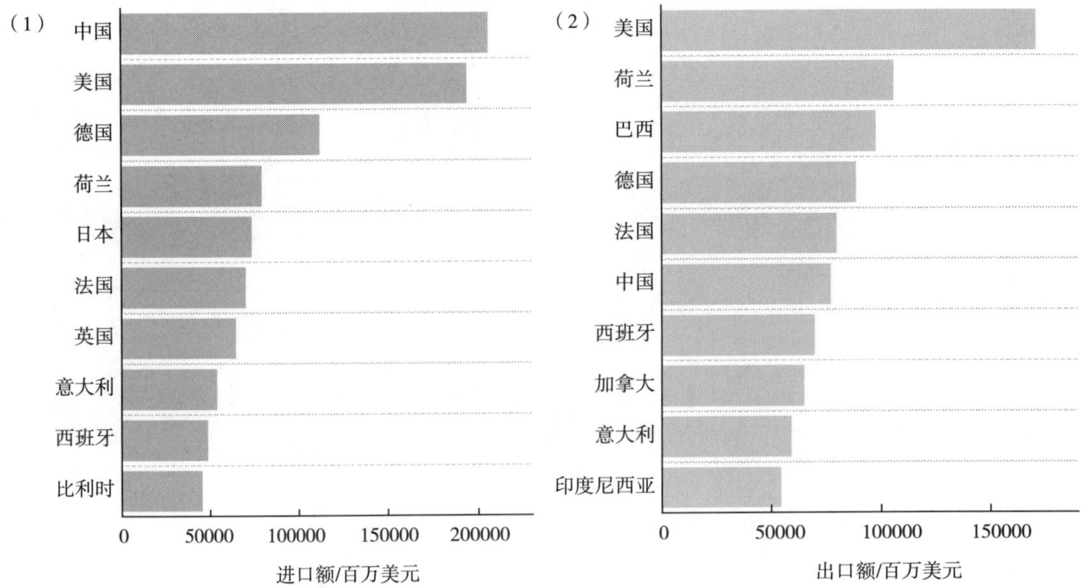

图 2-1　2022 年世界各国食品进出口总额排名（数据来源：WTO STATS）

此外，区域特色食品在食品贸易中所占份额不断扩大。如巴西成为全球最大的蔗糖生产国和出口国；法国的葡萄酒年产量占全球产量的比例达到1/6；新西兰则控制了全球40%的乳制品贸易，猪肉加工占到欧盟食品加工营业额的30%；印度现已成为全球水果和蔬菜第二大生产国；我国是全球第一大产茶国和第二大茶叶出口国。受益于人口增加、居民收入提高、城镇化进程的加快，未来全球食品消费需求仍然会稳定增加，但不同类型国家的消费需求增长结构不同。对于亚洲、非洲、南美洲的大多数国家而言，人口的增加及居民收入的提高会直接拉动对粮食、肉类等产品的需求，而美国、欧盟等发达国家和地区，功能性食品产品成为行业增长的重要动力，并成为发达国家引领全球食品工业发展的主要支撑。

二、全球代表性国家的食品工业发展特征

（一）发达国家的食品工业发展历程及特征

发达国家食品工业普遍具有发展起步早、市场集中度高、核心竞争力强、加工率和附加值“双高”的共同特点，但在人口、经济、技术、消费观念等多维因素的影响下，各个国家的食品工业又呈现出不同特征及增长模式。随着经济全球化不断推进，食品工业供应链、产业链、创新链加速融合，分工格局逐渐明晰，美国、德国、日本等发达国家总体处于产业链的高附加值环节，占据着食品工业价值链的控制地位。其拥有的大型跨国企业装备先进、管理高效、知名度高，业务门类众多。近年来，这些企业利用数字化设计和制造技术，结合感知物联和智能控制技术，实现了食品从产品设计、工业优化到装备智能制造以及食品制造全过程的智能控制，有效保证了食品制造全过程的精准、高效、低耗，满足了不同层次的消费需求。

1. 美国

美国作为世界最大的经济体，其食品制造业经历了长期的发展（表2-1），技术水平和产业形态均处于世界领先地位。食品制造业及相关产业在美国国民经济中占有重要地位，且在带动就业方面贡献显著。美国农业、食品和相关产业产值已达到1.264万亿美元（图2-2），占据国内生产总值的5.4%，提供了10.5%的就业岗位（图2-2）。肉类是美国食品加工的核心品类，2021年销售额达到2670亿美元，占据美国食品销售额的26.2%，其他占比较大的品类还包括乳制品（12.8%）、饮料（11.3%）和谷物和油料（10.4%），与销售额对应，肉类、乳制品和饮料产业提供了相对较多的就业岗位。由于劳动力成本较高，服务和加工成为美国食品消费支出的主要环节（图2-2），农产品价格的波动对食品价格的影响很小。

表 2-1 美国食品产业发展阶段划分

阶段	时期	食品产业产值（亿美元）	特点
解决温饱期	20 世纪以前	低于 200	经济发展水平较低，传染病和营养不良类疾病仍较为常见，解决温饱问题是该阶段主要诉求；食品行业工业化程度仍较低，食品类产品以原料形态的植物、畜牧业和渔业产品为主
动荡增长期	20 世纪 20~40 年代	低于 200	该阶段由于受政治、战争等因素影响，社会经济环境动荡，人均可支配收入增长缓慢。受到谷物装卸机械和罐头发明的影响，食品加工行业进入起步发展阶段，行业整体规模增长较稳健
发展提速期	20 世纪 50~70 年代	200~500	经济进入繁荣发展期，快速冷冻技术的发明进一步推动了食品工业的快速扩张，居民对食品品质、便捷性重视程度提升，行业内品牌化进程加速，速食食品繁荣发展，行业龙头开始崛起
整合转型期	20 世纪 80~90 年代	500~1200	食品加工技术密集出现驱动行业加速发展的现象，收入水平提升驱动居民对食品需求向健康化转变，食品加工行业掀起整合并购潮，市场集中度进一步提升，食品装备具备高度信息化，实现了机电一体化控制
全面升级期	21 世纪以来	1200~2500	健康膳食观念深入人心，功能性食品产品成为行业增长的重要动力，功能和健康食品成为引领食品行业发展的主要支撑。美国食品工业对世界食品生产、食品质量和食品贸易产生了重要影响

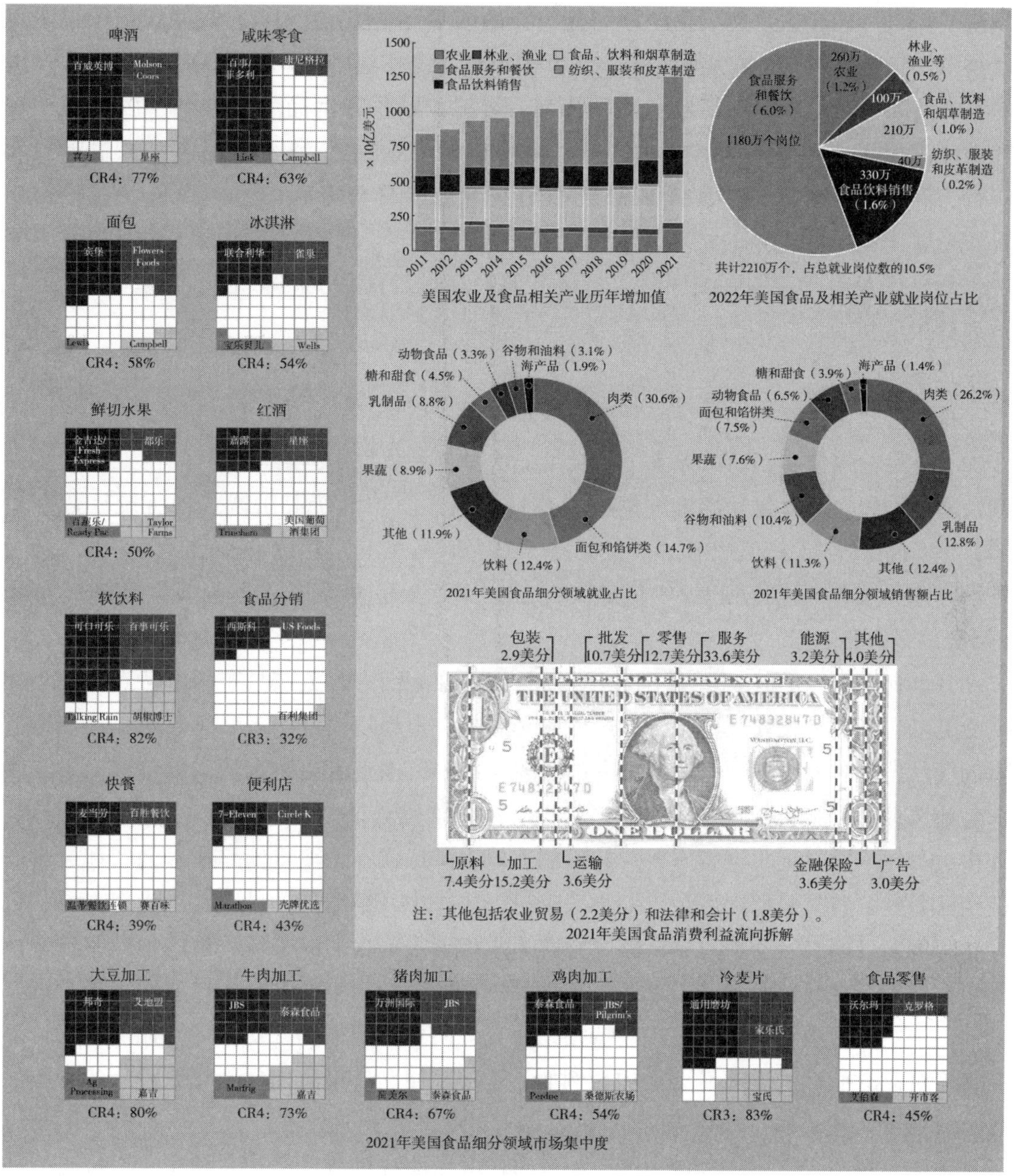

图 2-2　美国食品产业现状（资料来源：USDC，经济分析局）

高度专业化的产业生态、突出的规模效应和集中的寡头竞争状态，是当今美国食品工业的典型特征。第一，在对利益的追逐下，先进的技术和集约化的管理被广泛应用，专门针对农产品和食品加工的机械装备、生物化工、软件系统和技能人才资源充足完善，极大提高了食品生产的效率，降低了生产成本。大部分农产品都需经过加工后才进入流通领域，加工形式丰富多样。第二，与充足的科技投入相匹配，农产品和食品加工主体规模巨大，大规模的家族农场和非家族经营的工业农场占据全部农场数的 5%，但创造了 63. 8%的产值，食品生产各细分门类的 CR4 普遍超过 50%。大型农场根据本地气候条件集中生产一种或几种大宗品类，大型食品公司集中推广几种类型的产品，全国的农产品和食品供应呈现高度的统一状态。第三，农业和食品领域的集中度较高，头部企业占据了大部分市场，对上游产业具有较高的议价权，大型食品寡头通过干预政府行为和引导公众舆论，使政策制定和消费习惯向自身有利的方向发展。在此影响下，随着美国阶层差距的扩大，食品消费市场呈现出严重的割裂局面，功能和健康消费引领全球食品产业发展的同时，价格低廉的高热量食品也同样充斥市场，造成了一系列健康危机。

2. 日本

日本虽然资源匮乏，食品原料严重依赖进口，但食品产业高度发达，具有极强的生产加工、运输销售和创新服务水平。自第二次世界大战以来，日本的食品工业经历了大众及家庭消费、个性化和炫耀性消费、理性消费、简约消费等阶段。近年统计数据显示，日本食品加工总产值达到 2164 亿美元（2021 年），零售总额达 4672 亿美元（2021 年），餐饮等食品服务产值达到 2391 亿美元（2020 年），是世界第三大包装食品消费市场（仅次于美国和中国）。

日本拥有深厚的健康化、多样化饮食传统，在生活方式上兼具东西方特点，社会环境受老龄化、少子化和长期经济低迷的深刻影响，市场规模近年来略有收缩，这使得日本的食品生产和消费呈现出诸多特有的现象。第一，消费者更注重从实际价值出发，倾向性地选择去品牌化、高性价比的产品，维持价格优势成为食品制造业最重要的需求，许多生产厂家通过优化组织方式或转移制造业来降低成本，注重依靠技术创新和进步提高经营质量，食品装备则擅长于中小型单机，体积小、精度高、易安装、操作方便、自动化程度高。第二，女性在日本家庭中普遍承担着采购食品的责任，日本食品制造业往往更多地迎合女性消费者的需求，许多食品制造商会专门生产符合女性消费需求、喜好的产品。第三，由于日本家庭规模持续缩小，老龄化不断加剧，女性工作比例提高，消费者对食品方便性的需求显著增加。例如，近年来便利店渠道的预制化菜肴、各种方便食品（饭团、通心面、糕点等）、速冻食品等的销售量迅速增长。此外，有 70%的日本人认为应当提高生活方式的健康性，90%的日本女性有过节食经历，健康化、抗衰老的食品也同样受到欢迎。第四，日本食品法规完善且严苛，消费者倾向于认为国产食品相对于进口食品具有更高的安全性，对国产食品具有更强的偏好。食品制造部门倾向于选择更加稳定可靠的供应商开展长期合作，且对更改供应商持谨慎态度，产业链关系十分稳固。第五，日本消费者既喜爱传统食品，也喜爱西式食品，对产品新颖性的要求较高。因此，日本食品制造业具有极高的产品周转率，食品生产商在继承传统食品加工精髓的基础上，开展了大量的创新，更加关注产品体验感和高层次消费群体的需求，不断推出新产品、新口味、新包装和新理念，并为产品的升级和改进做好准备。

例如，风靡日本的“轻奢（Puchi Zeitaku）”、“升级版（Otonano）”和“奖励性消费（Gohoubi Shouhi）”潮流带动了一系列高附加值产品在全国的畅销。

饮料、糖果等休闲食品是日本食品制造业的优势门类（图 2-3）。目前，日本食品工业板块竞争格局已较为稳定，常年呈现寡头垄断的局面（表 2-2），主要啤酒 CR4 维持在 95%以上，乳制品 CR4 稳定在 45%左右，肉制品 CR5 在 50%～55%小幅波动，休闲食品 CR4 稳定在 25%左右。主食类熟食在熟食品类中的占比由 1983 年的 22.2%上升至 2021 年的 42.4%；调味品产品，从传统单一的调味料如酱油、味精、食醋等转向复合调味料，西式化显著，功能性复合调味料持续增长；软饮料、乳制品消费占比提升，无糖饮料、茶饮料备受欢迎。

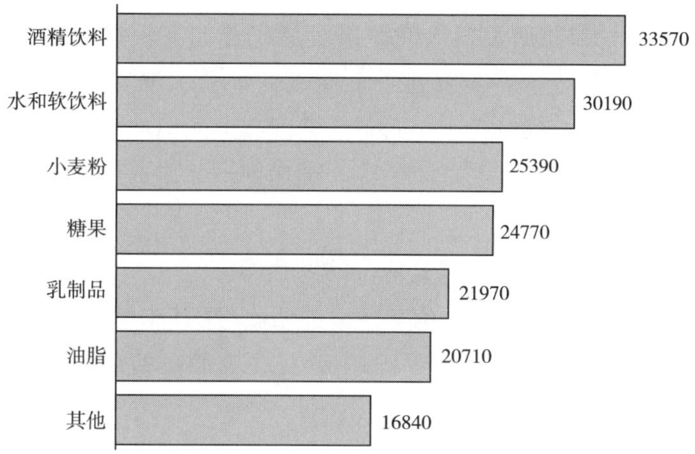

图 2-3　2016 年日本食品销售额及占比（单位：亿日元）

表 2-2　2023 年日本五大食品企业、主营业务和营业收入

企业名称	所属领域	2023 年营业收入/百万日元
麒麟控股株式会社	饮料、酒	2134393
三得利株式会社	饮料、酒	3285110
明治控股	饮料、乳制品、糖果	1062157
日本火腿株式会社	肉制品	1259792
味之素株式会社	乳制品、健康食品、氨基酸	1067645

从销售渠道来看，日本的线上食品销售发展缓慢，超市占据了食品零售额的 74%（2021 年），便利店则占据 15%，商超绝对是食品销售的主要渠道。

3. 德国

作为西欧人口最多的国家，德国制造业增加值高达 8000 亿美元，占整个欧洲市场的三分之一，德国也是欧洲乃至世界食品工业高度发达的国家之一和欧洲最大的食品分销市场。近代历史上连年的战争催生出更多的适合战争时期的食品，深刻地改变了德国人的饮食习惯、饮食文化和烹饪模式。德国人的饮食是世界上与食品工业联系最广、紧密度最高的饮食，无论是肉类、乳制品还是酒水类、调味品类，几乎都是由食品工业加工生产的。

食品工业在德国社会和经济版图中具有重要的地位。据统计，德国食品工业从业人员超过 500 万人，占据劳动力市场的 11.4%，有 6100 家公司开展食品制造相关的业务，食品相关产业产值达 1885 亿欧元，是德国工业的第四大门类，占据德国经济总量的 6.2%。肉制品和乳制品是德国食品工业最重要的门类（图 2-4）。

德国拥有完善的食品产业链条和先进的产业技术，食品产业每年用于创新的投入高达 18.9 亿欧元。大量的科技研发投入使德国食品产业拥有较强的创新能力，使其在生物化学、食品加工、智能装备等领域处于全球领先地位，尤其是食品装备生产，占据 70% 的欧洲市场和 30% 的全球市场。食品工业呈现高度的标准化、专业化和规模化，既保证了食品的质量稳定，也提高了资源的综合利用率，非常适应现代社会快节奏生活的需要。

德国也是全球食品贸易中居于领先地位的发达国家之一，食品进出口额均居世界前列（图 2-1），所生产的加工食品中有 1/3 用于出口（其中 70.5% 出口至其他欧盟国家），谷物产品、牛乳及乳制品、肉类及加工产品、啤酒、葡萄酒和烈酒等高附加值的加工食品是德国食品工业的出口强项。

（二）新兴市场食品产业现状及特征

近些年，印度、中国、巴西等新兴市场的快速崛起，努力突破在食品工业全球价值链中的“低端锁定”，向食品工业全球价值链中高端攀升，日益成为全球食品产业的重要增长点，并推动全球食品工业生产格局日益呈现出典型的多极化发展态势。

印度食品加工业原料丰富，农产品数量居世界前列。近年来，印度食品工业发展较快，功能性食品、便利与即食食品和健康食品消费量激增，这使该地区成为全球食品制造链条不可或缺的组成部分。据印度产业联邦部门统计，2021 年印度食品市场交易额为 917 亿，其中仅食品加工部门每年就可创收 294 亿，预计印度食品加工业在未来十年间将吸引海外投资 330 亿美元，并为国内创造 900 万个工作机会。目前来看，印度的食品加工行业仍是以粗加工产品为主，整体加工食品产品的附加值不高，印度企业对食品包装机械、方便食品加工机械等需求旺盛，市场有待进一步开拓，未来在饼干、包装乳品、软饮料和鲜禽等流行食品深加工领域仍存在着很大的发展空间。预计今后几年印度食品工业将以 20% 左右的速度增长，半加工食品市场将达到 110 亿美元的规模。

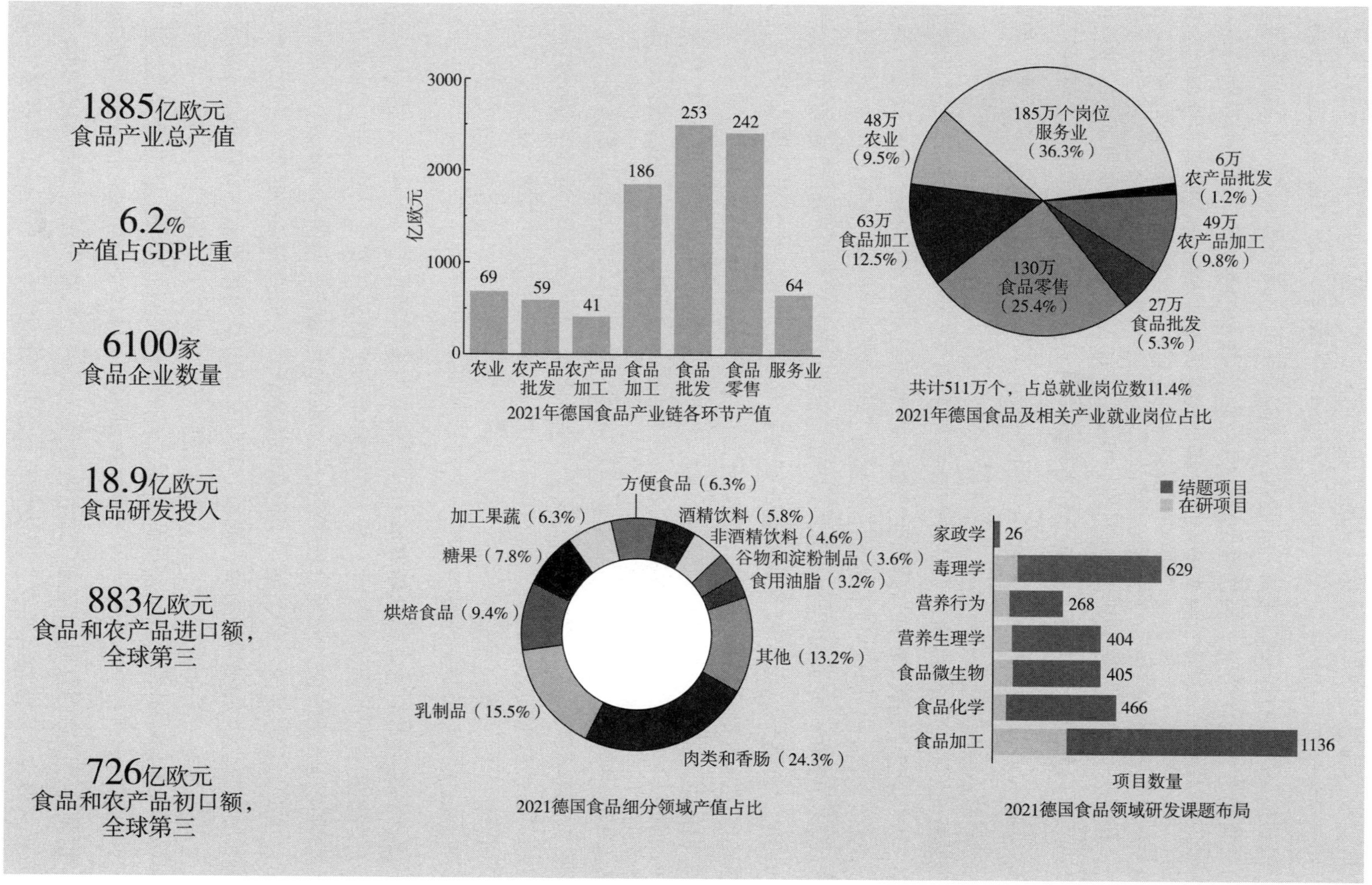

图2-4　德国食品产业现状（数据来源：Food Federation Germany，German Trade & Invest）

阿根廷得天独厚的地理条件和气候条件适合农业生产，农业年产值在 200 亿美元左右，占到国民年生产总值的近 10%，被誉为“世界粮仓肉库”，是世界粮食和肉类的主要生产国和出口国。阿根廷的食品工业目前包含肉类加工、乳制品生产、水果和蔬菜加工、葡萄酒酿造、粮食加工、制糖等类别。肉类加工是阿根廷历史悠久、举世闻名的工业部门，水果和蔬菜加工业主要集中在门多萨、里奥内格罗和布宜诺斯艾利斯等省，阿根廷还是世界五大葡萄酒生产国之一。阿根廷油料作物产量很大，大豆产量继美国和巴西之后，位居世界第三，阿根廷大豆产量的 70% 用于加工出口，其豆油和豆饼的出口位居世界第一。根据阿根廷油料工业商会和谷物出口中心数据显示，2022 年，阿根廷粮食及副产品出口额达 404. 38 亿美元，较 2021 年增长 22%，创历史最高纪录；肉类和乳制品出口金额为 55. 1 亿美元，同比提高 20. 7%。

巴西是世界上最大的甘蔗、大豆、咖啡和坚果的生产国，是世界第二大牛肉生产国、第三大牛乳生产国和第四大猪肉生产国，原糖和精制糖出口占全球的 25%，是全球大豆出口的引领者，生产了全球 80% 的橙汁，丰富的农牧资源为食品工业的发展奠定了基础。2019 年，巴西成为世界第二大加工食品出口国，出口目的地超过 180 个国家和地区。近些年，由于设备效率低、劳动者有效培训不足、教育范围有限等结构性问题导致巴西包括食品工业在内的制造业总体生产率呈下降趋势。据巴西国家地理统计局（IBGE）的数据显示，过去 30 年，巴西食品饮料领域产值占 GDP 比重从 1990—1999 年的 2. 9%，降至 2000—2009 年的 2. 7%，又降至 2010—2019 年的 2. 2%。据巴西国家地理统计局公布的数据显示，2022 年该国食品产业产值环比增长 4. 8%，对该国制造业增长贡献最大。JBS 股份有限公司是巴西最大的跨国食品加工集团，作为全球公认的肉类蛋白引领者，JBS 公司已经遍布 15 个国家，在世界上四个主要牛肉生产国（巴西、阿根廷、美国和澳大利亚）拥有 150 多家工厂，其产品出口到 150 多个国家和地区，中国正是其重要的战略市场。

以色列是全球食品安全科技创新能力和管理水平全球领先的国家之一，建立了基于源头治理和过程控制的预防性管理、基于严密标准的严格监督管理、基于市场需求的第三方保障机制等先进的食品安全管理体系，结合世界领先的管理理念和全方位的食品安全保障体系，为其食品及农产品赢得了很高的国际声誉。受益于高科技投入和犹太洁食全球消费的增长，以色列的谷物及其制品、乳制品、肉及家禽加工、软饮料、果蔬及鱼类加工、烟酒制品、油脂及制品、巧克力与糖果等食品和农产品在国际市场备受青睐。以色列致力于发展先进高效的采后处理技术、农产品精深加工技术，并迎合国际上热衷于功能性食品消费的发展趋势，引领营养食品和食品原料技术的创新发展，增加了经济效益。据统计，以色列食品出口总额 20 亿美元，其中，生鲜果蔬出口额约占 1/2，达 10 亿美元。目前，以色列已经成为天然番茄红素市场的引领者，也是生产特殊大豆蛋白质和大豆异黄酮的三个全球最大的生产商之一。

三、全球食品工业面临的挑战

当前，地区冲突、极端天气、人口增长等因素给全球经济带来新的冲击，推动能源、粮食价格持续走高，加剧农产品食品供应链紧张，全球通胀水平持续攀升，主要经济体货币政策收紧，给经济带来更大下行压力。在这种大环境下，食品工业新兴市场体面临的困难和挑战更为严峻，发达国家之间的竞争、发达国家与新兴市场之间的竞争和新兴市场体之间的竞争愈加激烈。

社会和消费行为趋势是推动全球食品工业发展的关键驱动要素之一。后疫情时代，食品行业在应急保障功能及战略储备方面的重要性凸显，公众对于食品安全、餐饮卫生、营养功能的重视达到前所未有的高度，由人工智能、物联网和大数据驱动的技术革命将深刻改变食品的生产和消费方式。例如，新冠疫情使食品饮料等生活必需品的线上销售得到空前发展，美国线上销售渠道中食品饮料品类的销售额占比从 2017 年的 9.3% 增加到 2022 年的 14%。新一代前沿技术与装备等在食品领域不断渗透融合，并推动食品行业向高技术、全营养、智能化、可持续方向快速发展。当前，在全球经济一体化的大环境下，基于全球供应链的食品工业发展迅猛，但同时在食品安全、加工效率、环境压力、经济效益等方面面临着诸多挑战。

食品安全备受瞩目。食品安全作为关乎民生和社会稳定的关键，受到了许多国家和团体的重点关注，发达国家目前已基本建立了完善的食品安全监管体制和相对科学的评估管理模式，发展中国家食品安全保障能力也正在加强。但是，由于消费者对食品质量的关注和社交媒体的普及，食品卫生安全事件的社会影响被显著放大，每年发生的食品安全事件都引发了强烈的舆论关注。公众对食品安全管理缺乏理性认知，导致针对食品工业的“信任危机”加重蔓延，甚至使原有安全监管评估体系的权威性受到质疑。与此同时，随着经济全球化的深入推进和食品加工技术的更新迭代，原料供应、产品加工、运输销售等环节可能发生于不同国家和地区，食品安全风险管理的时间和空间跨度大大增加，因管理不当导致的负面影响往往波及多个国家和地区，使风险分析和管理变得愈加困难。新科技、新产品、新业态的不断涌现，更加剧了食品组分和生产链条的复杂性，为监管溯源带来挑战。如何长期有效地提高食品安全性和营养品质，防控食品安全卫生事件，满足人们日益增长的需求，引导公众科学认识食品安全问题，消除食品生产和监管的认知隔阂，成为世界各国共同面临且亟待破解的课题。

可持续供应攸关未来。人口增长、气候变化、资源损耗等问题使得全球的食品可持续供应面临日益严峻的挑战。食品制造行业浪费情况严重，联合国粮农组织数据显示，每年全球约 1/3 的食物被损耗或浪费，约 13 亿 t。当换算为热量，则 24% 的食物被损耗或浪费，其中 18% 来自处理存储、加工、运输销售、消费使用过程。食物浪费是国际社会高度关注的全球性问题。联合国粮农组织、世界粮食计划署和欧盟共同领导的“全球应对粮食危机网络（GNAFC）”发布的《2022全球粮食危机报告》称，受地区冲突、极端天气、新冠疫情等多重因素影响，2021年共有53个国家和地区接近1.93亿人遭遇严重粮食短缺，这一数字比前一年增加4000万人。联合国可持续发展目标（SDG）第12项中提出：“到2030年，将零售和消费环节的全球人均粮食浪费减半，减少生产和供应环节的粮食损失，包括收获后的损失。”这对食品饮料及相关行业提出了更高的要求。此外，地区冲突和禽流感，非洲猪瘟口蹄疫的暴发，也对食品制造业的原料供应造成严重影响。随着粮食需求上升、粮价波动以及日益恶劣的环境气候，如何保证食品的可持续供应攸关人类的未来。

追求高品质成为潮流。目前，全球食品产业已发生深刻变化，技术装备更新换代更为频繁，加工制造智能低碳趋势更加多元，产品市场日新月异更趋丰富，科技创新驱动全球食品品类向全营养、高科技和高品质化方向快速发展。后疫情时代，国际公认具有“提高免疫力”作用的食品可作为满足消费者营养健康需求的重要载体，这一观点得到了世界范围内消费者的普遍认同，并将可能创造新的行业增长点。与此同时，在疾病治疗过程中，对于具有功能性食品的需求和使用也在不断加强，并成为病人的重要营养支持。此外，老龄化群体的不断增长是当前中国乃至世界的发展趋势，有关老年人饮食风险及其所带来的免疫力下降问题已经被逐步重视，但是如何及时、有效地控制，避免给老年人的健康带来潜在的风险，将成为产业界一个新的挑战。

此外，全球食品工业还面临着食品原辅料供应链亟须健全、冷链物流疫情防控能力亟待强化、多元化健康食品供应跟不上快速扩大的市场需求等新的矛盾和问题亟待解决。随着更多的大型科技企业进入农业和食品制造领域，产业内部必将发生前所未有的变革和重构。

第二节　中国食品制造业发展现状

一、中国食品制造业发展概况

中华人民共和国成立以来，我国食品工业经历了恢复元气、缓慢积累、高速增长、质量提升和创新驱动五个历史阶段（图2-5），从供应短缺到世界食品工业生产大国，从半封闭状态到全方位多层次宽领域的对外开放，发展焦点从沿海的广东、山东转向河南、四川等内陆省份，中国食品工业整体面貌发生了历史性巨变。尤其是改革开放以来，中国食品产业规模迅速扩大。2013 年以来，中国食品工业投资增速持续下降，总量规模的增速处于中等水平，粗放式的规模扩张逐渐终结，迎来了以质量安全为主导的新时代。2022 年中国食品工业收入达 1.26 万亿美元，居世界第一。目前，中国食品工业技术总体上处于国际先进水平，在食品制造装备技术、食品生物工程、包装材料等若干领域解决了一系列前沿性、关键性技术问题，在若干领域成功地摆脱了对国外技术的依赖，实现了成套装备从长期依赖进口到基本实现自主化并出口的跨越，食品工业集中度显著提升。新时代以来，随着“一带一路”倡议的提出，食品企业加快了走出去的步伐，开启了在国际市场布局的新纪元。但是，中国食品制造企业在参与全球价值链分工的过程中，主要还是以嵌入的方式从事加工贸易，虽然多年来的资本积累和劳动力技能水平的提升使中国食品产业有能力参与到全球价值链的中高端生产环节，但由于自主创新能力水平较弱、管理模式创新不够等问题带来的食品安全问题频发、产能过剩、高附加值产品不足等问题制约了中国食品工业企业向全球价值链的攀升。

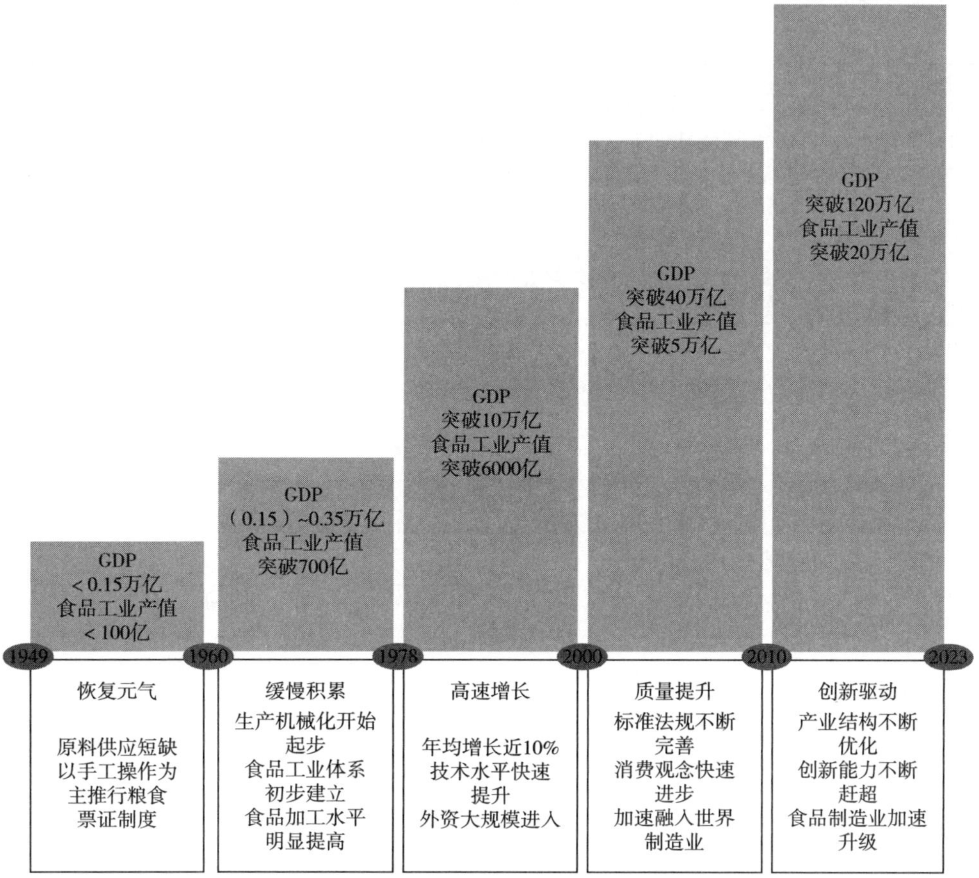

图 2-5　中国食品工业发展的五个阶段

国家“十三五”规划以来，在转型创新和“健康中国 2030”浪潮的共同推动下，我国食品工业正在向全营养、高科技和智能化方向快速发展。当前，我国食品工业已进入以营养与健康为导向的深度转型期，让人民群众吃得更安全、更健康已经成为我国食品科技创新发展的重要使命。

二、中国主要地区食品产业发展动态

自全面建设小康社会以来，各省、区、市依托自身资源禀赋，不断推动食品产业在品类、经营和业态上的创新，提高知名度和影响力，形成各具特色的食品产业集群，相继涌现了一大批“名城”“之都”（表 2-3），取得了良好的社会效益，极大地带动了地方经济的发展。

表 2-3　部分获评“名城”“之都”的地区

地区	获评时间	称号	认定机构
黑龙江齐齐哈尔	2002 年	绿色食品之都	国务院
河南漯河	2005 年 1 月 23 日	中国食品名城	中国食品工业协会
吉林德惠	2005 年 11 月 29 日	中国食品名城	中国食品工业协会
重庆	2007 年 3 月	中国火锅之都	中国烹饪协会
山东烟台	2009 年 8 月 29 日	中国食品名城	中国食品工业协会
福建漳州	2009 年 12 月 6 日	中国罐头之都	中国轻工业联合会、中国罐头工业协会
四川宜宾	2009 年	中国白酒之都	中国轻工业联合会
广东三水	2010 年	中国饮料之都	中国食品工业协会
广东湛江	2010 年	中国海鲜美食之都	中国烹饪协会
广西崇左	2010 年 12 月 3 日	中国糖都	中国轻工业联合会、中国糖业协会
贵州都匀	2007 年 9 月 29 日	中国毛尖茶都	中国茶叶流通协会
福建漳州	2011 年 11 月 18 日	中国食品名城	中国食品工业协会
四川乐山	2011 年	中国绿茶之都	中国特色产业基地城市 公益评选专家评审委员会
云南普洱	2012 年	中国咖啡之都	中国果品流通协会
山西忻州	2014 年	中国杂粮之都	中国粮食行业协会
内蒙古赤峰市	2016 年	中国牛羊肉食品之都	中国食品工业协会
福建福安	2018 年 3 月	中国红茶之都	中国茶叶流通协会

续表

地区	获评时间	称号	认定机构
江苏淮安	2018 年 4 月 19 日	中国食品名城	中国食品工业协会
广东阳西	2018 年 7 月 13 日	中国调味品之都	中国调味品协会
广东茂名	2018 年 9 月 20 日	中国月饼名城	中国轻工业联合会、中国焙烤食品糖制品工业协会
贵州遵义	2019 年 8 月 17 日	世界辣椒之都	世界辣椒联盟
山东临沂	2021 年 9 月 13 日	中国肉类产业之都	中国肉类协会
河南温县	2023 年	中国速食调味料之都	中国食品工业协会
内蒙古呼和浩特	2023 年	世界乳业科技之都	中国奶业协会、国际食品科学技术联盟
黑龙江哈尔滨	2023 年 7 月 20 日	中国啤酒之都	中国酒业协会
河南许通	2023 年 2 月	中国酸辣粉之都	中国食品工业协会

（一）山东省：食品工业发展均衡，产业规模全国第一

山东是食品制造业第一大省，产业门类齐全、产业体系健全。据近年数据，山东省食品工业相关企业数量达 72.1 万家，规模以上企业 3892 家，食品产业营业收入达到 11852.5 亿元，占山东省工业的 11%，全国食品工业的 10.7%，食品农产品出口额达到 1238.4 亿元，占全国的 22.7%，其食品产业规模、企业数量、食品出口额、出口量常年均位居全国首位。

山东省食品制造业现已形成了以谷物磨制、食用植物油、畜禽屠宰、肉制品、水产和鱼糜制品、果蔬制品六大千亿产业为主导，各产业门类全面发展的良好局面。国家级企业技术中心数量居全国首位。肉类、啤酒及葡萄酒、食用植物油产量均居全国第一位。其中，青岛啤酒、张裕葡萄酒分别是国内啤酒、葡萄酒第一品牌；金锣肉类制品年产量连续多年位居全省同行业第一位、全国第二位。山东省还拥有德州乐陵杨安镇的调味品产业，平邑县的罐头产业等全国知名的产业集群。

这几年，为推进食品行业高质量发展，山东持续综合施策：全面推行“链长制”工作推进机制，将肉类、酒类、食用植物油 3 个山东省有优势的食品产业链纳入推进机制，加快推动链式产业集群发展，统筹提升全链条核心竞争力；深入贯彻工信部《数字化助力消费品工业“三品”行动方案》，深化开展增品种、提品质、创品牌“三品”战略专项行动，先后有青岛啤酒、张裕葡萄酒、鲁花花生油等 70 个产品品牌入选全国食品产业“三品”典型成果名录，集中亮相工信部组织的线上线下成果展；推广应用数字技术，鼓励和支持重点产业链“链主”企业和骨干龙头企业聚焦食品加工先进技术、工艺和装备，深化数字赋能、提升创新能力。

（二）河南省：规模和集群效应突出，产业层级有待提升

河南省拥有优越的农业生产环境和丰富的劳动力资源，为食品工业的发展提供了良好的条件，食品加工一直是河南省经济发展主要支柱产业，也是最具发展潜力和发展优势的战略支撑产业。2022 年，河南省规模以上食品企业实现营业收入 7185 亿元，占据规模以上工业营业收入的 11.9%，实现利润 423.46 亿元，位居河南省五大主导产业（电子信息、装备制造、汽车及零部件、食品、新材料）的第一位。河南规模以上农产品加工企业 6344 家，营业收入 1.21 万亿元，产业规模居全国第二位。

河南省食品制造业巨大的规模背后，是优势突出的食品特色集群。目前，河南省食品工业主打六大特色食品产业集群，分别是以双汇、牧原等为代表的全国最大肉类生产加工集群；以白象、南街村等为代表的全国最大面制品生产加工集群；以三全、思念等为代表的全国最大速冻食品生产加工集群；以莲花味精、王守义十三香等为代表的调味品生产加工集群；以卫龙、梦想等为代表的休闲食品生产加工集群，以及以好想你、怀山堂为代表健康食品产业集群。依托产业集群的强大生产能力，河南省肉制品、速冻食品、面制品和休闲食品等加工能力居全国第一位。全国二分之一的火腿肠，三分之一的方便面，四分之一的馒头，五分之三的汤圆和十分之七的速冻水饺，都由河南省制造。

食品特色集群不仅催生了数量众多的大型龙头企业，也带动了食品产业链和产业基础设施的不断完善，吸引了国内外的大型食品企业在河南投资建厂。河南省的大型食品企业普遍具有突出的供应优势，通过“工厂+种植养殖区”“生产—配送—加盟”等模式服务全国，在质量管控、成本优化方面表现突出。近年来，以双汇集团为代表的河南省食品工业充分把握我国食品工业“引进来”与“走出去”并重转变的历史性机遇，参与国际竞争，努力开拓与布局全球市场，布局全球化产业链。

然而，河南省长期以来对高附加值的食品深加工产业的引导支持不足，且存在对农业主导产业发展的路径依赖，相当数量的食品企业处于价格、规模、劳动要素投入的低层次竞争阶段，产能过剩、创新能力不足、附加值偏低、盲目扩张、难以适应新兴消费需求。近年来河南省食品制造业营收和利润增长放缓，排名连续下滑，规模以上企业营收从 2019 年的全国第二位下滑到 2021 年的第六位；利润总额从 2019 年的第三位下滑到 2021 年的全国第五位。虽然河南省食品产业仍发挥着支柱产业的作用，但在全国的影响力正面临严峻挑战，产业升级需求十分紧迫。

（三）广东省：消费需求驱动明显，产业链配套完善，出口量较大

20 世纪 80 年代，广东省一大批食品工业企业在国家政策的支持下迅速崛起，初步形成了相对独立的现代化食品工业体系，食品行业细分品类不断壮大，龙头企业加速发展，食品工业企业开始同科研单位和大专院校建立协作关系，大力推进科技成果的产业化应用。食品工业逐步成为广东省拉动经济增长和扩大内需的重要产业，并引领全国食品工业的发展。目前，广东省食品产业发展态势向好，已形成门类齐全、品种繁多、产

品质量较高和经济效益较好、产业链较完整的产业体系。2022 年广东省食品工业规模以上企业工业增加值 2190. 33 亿元，同比增长 12. 95%；营业收入 8994. 70 亿元，增长 7. 73%；利润总额 522. 51 亿元，下降 3. 49%。食品进出口交货值 408. 52 亿元，增长 4. 07%。截至 2022 年，全省获证食品工业企业 16681 家，规模以上 2318 家，数量居全国第二位。2022 年食品工业企业诚信管理体系建设成果居全国前列。

三、升级背景下中国食品制造业的挑战

近年来，面对日益复杂的国际形势和不断提高的国民生活质量要求，我国从保障国家安全和社会和谐的角度出发，不断夯实食品供应和质量体系。粮食种植面积、产量和自给率常年稳定，粮食安全得到有效保证，食品安全监管水平加速进步，食品安全保障体系基本建立，食品安全形势整体向好，为食品制造产业的升级奠定了良好的基础。

随着物联网、人工智能、大数据、云计算等技术的发展和应用，全球食品产业已发生深刻变化，技术装备成本显著降低，更新换代更为频繁，产品种类更趋丰富，科技创新驱动全球食品产业向定制加工、精准调控、绿色健康等方向快速发展。在我国，越来越多的食品制造企业也开始加速推动生产经营方式的转型变革。但食品制造业作为传统制造产业，大量的企业组织在智能制造能力、新型技术成果成熟度等方面还处于初级阶段，面对世界食品科技创新发展前沿，中国食品生产领域在转型升级的过程中还面临着诸多困惑和挑战。

（一）制造水平总体偏低，诸多技术瓶颈亟需破解

随着新一轮科技革命和产业变革的纵深演进，全球食品科技创新已从单一环节的创新转变为全产业链的链条式交叉融合创新，食品加工制造、营养健康、生物工程、智能装备、质量安全成为中国食品产业科技创新发展重要领域（图 2-6）。

然而，食品制造产业门槛较低，参与者众多，目前行业整体技术水平相对落后，表现为自动化程度低，质控能力差，生产单元分散，供应链信息不对称、供需失衡、同质化竞争加剧、整体效率低下等问题。随着生产要素成本的不断上升，面对日趋激烈的国际竞争，不断缩水的利润对行业造成了严峻的挑战。目前，我国食品工业所需的技术含量高、产品质量优、带动能力强的高端装备、前沿技术、管理水平与国际水平的差距不断扩大，智能化、绿色化核心装备仍多被国外所控制。引领性基础研究少、领跑技术比例小、装备自主创新能力低、资源加工增值不足、多学科的融合度低、行业标准制定过程复杂等问题亟待解决。食品制造业中小企业普遍存在岗位、设备与企业的信息不交互、不共享、不透明的状况，从来料到打包入库，整个生产过程的监控和品质管控混乱穿插，生产系统不能即时反馈生产进度、设备状况及检测数据，信息化、自动化融合程度较低，亟须通过数字化转型升级提高核心竞争力。

图 2-6　中国食品工程未来 20 年的研究方向

因此，依靠自主研发，更新工艺和装备，利用多学科交叉融合创新，实现食品制造业现代化、远程化、精准化测控，构建高度灵活的个性化和数字化智能制造模式，将是突破中国食品工业未来食品科学技术瓶颈的关键。

（二）部分行业对外依存度较高，出口质量有待优化

中国部分食品行业的产业结构不尽合理，在原料、关键配料、产成品进出口方面，对西方国家的依存度不断攀升，亟须警惕产业链安全风险。原料方面，糖、大豆等资源性农产品呈现结构性短缺，这三大农产品大量以原料的形式进口；近年来大麦、部分肉类需求增长迅速，进口依赖度和集中度逐年提高，对啤酒、肉类加工等行业有着潜在影响；乳清蛋白粉、乳铁蛋白等乳清制品关键原料进口依赖度高，受技术、装备和单体工厂产能等因素制约，我国长期以来只能依赖进口。

产品出口方面，我国食品出口贸易地区主要是中国港澳地区，以及越南、泰国、菲律宾等东南亚国家，出口产品集中在水产品、蔬菜等新鲜产品及初加工制品方面，大部分产品无法进入高壁垒的发达国家。在食品出口检验过程中，由于标准和检测方法不接轨，相关食品因达不到进口国的检验要求而受到限制，出口贸易不确定性风险加剧。

（三）中小企业生存压力加大，绿色转型需加速推进

近年来，我国食品工业集团化发展趋势明显，带动了以骨干企业为中心的产业集中度提升和产业集群快速发展，技术装备升级加快推进，信息化、智能化水平不断提升，推动资源综合利用水平进一步提高，节能减排取得积极成效，循环经济模式加快发展。

一方面，由于我国食品工业生产体系庞大，企业数量众多，小微企业占比达 90% 以上，在环境、资源约束日益加剧的情况下，这些企业的装备水平还比较落后，资源消耗和环境污染较为严重，副产物综合利用水平不高，清洁生产相对滞后。整体来看，绿色转型仍是我国食品工业“十四五”规划时期需要发力的重点方向。另一方面，近年来，随着节能减排压力增加，原材料、人工、水电等生产成本上升，中小企业利润空间明显压缩，加之疫情带来生产消费变化、出口受限等问题，预计今后一段时期，中小企业将面临较大经营压力。

（四）行业提品质创品牌步伐加快，食品安全源头风险尚存

近年来，在国内经济下行压力加大、增速放缓的形势下，我国食品工业主动适应经济发展新常态，加快结构调整和转型升级的步伐，进入高质量发展的新阶段。随着食品安全国家标准体系的不断完善和《中华人民共和国电子商务法》等法规的实施，行业发展的规范性得到增强。工业和信息化部推动婴儿配方乳粉等行业质量安全追溯体系试点加快建设，《食品工业企业诚信管理体系》深入贯彻实施，促进我国食品安全状况持续稳中向好；在互联网、自媒体推动作用下，行业加快优胜劣汰速度，一批优秀品牌脱颖而出，市场影响力不断提高，新业态不断丰富。然而，源头污染、农兽药不合理使用、食品冷链物流建设滞后等影响我国食品质量安全的短板依旧存在。2022 年，我国粮、肉、蛋、乳、食用油等大宗加工食品的样品合格率均处于较高水平。其中，从抽检发现的不合格样品看，因农兽药残留超标、微生物污染、超范围超限量及非法使用食品添加剂造成的不合格产品占不合格项次总数的比例合计超过 70%。

（五）多元化产品需求旺盛，高品质产品供给不足

居民年龄结构和消费需求变化持续推动产业供给侧改革，要求提供与之相适应的更加安全、健康、营养的高品质、多元化产品。当前及未来一段时期，随着我国人口老龄化进一步加剧，老年食品、保健食品、特殊医学用途配方食品及专业化配餐的市场需求旺盛；城镇化进程持续推进、居民收入水平提高，带动绿色食品、有机食品、嗜好食品、休闲食品等消费；高品质的婴幼儿食品需求保持刚性增长。然而，疫情发生以来，社区（村镇）居家封闭式管理模式下的食品消费模式也发生较大变化，带来一些新的发展机遇。除增加对粮油等耐贮藏食品的需求外，预包装餐食、速冻食品、方便面等快捷、方便的工业化膳食产品普遍受到消费者青睐。疫情也引发了消费者对提高免疫力、补充维生素矿物质等保健食品的重点关注，互联网搜索量和部分产品销量得到明显提升。

（六）管理水平总体较低，管理观念亟待提高

据调查，过去 10 年中，我国制造业劳动生产率增速低于制造业工资成本增幅；而同期，美国制造业劳动生产率年均增速为 5%，高于劳动力工资成本增幅，落后的管理模式是造成劳动生产率增速低的最主要原因。在新形势、新常态下，现代企业管理体系的构建已成为食品制造企业转型升级的首要条件。

在现今云计算、人工智能、大数据、工业互联网等技术飞速发展的时代，食品制造业转型升级的道路任重而道远。面对生产运营过程中的诸多痛点，食品制造业必须有针对性地进行改善、优化及提升，才能走出一条智能化、绿色化、融合化、柔性化的转型升级发展道路。

第三节　食品制造业升级的方向和目标

大力发展食品制造业是推动全面乡村振兴和供给侧结构改革的重要抓手，是贯彻创新驱动发展战略、融入全球供应链体系和提升国际竞争力的关键支撑，也是提振消费、带动循环的有力保障。经过多年的高速发展，我国食品产业的增长已出现了明显放缓的迹象，许多食品企业遭遇到不同程度的发展瓶颈；越来越多的消费者认识到食品对健康的重要作用，逐渐重视食品的方便性和体验性，食品消费已经成为“美好生活需要”的重要组成部分和实现健康中国战略目标的坚实保障。产业发展的需求和消费观念的变化，使我国食品产业的转型升级变得尤为迫切。

德国工业 4.0 战略引领了全球食品工业发展，加速工业机器智能化控制等技术新装备与物性重构、柔性制造等食品加工技术的深度交叉融合，推动了食品产业向自动化、信息化和智能化方向转变。反观我国的食品工业，目前，我国食品工业正处在转型升级的渐进过程中，机械化、电气化、自动化、教学数字化并存，不同地区、不同行业、不同企业发展不平衡现象突出，这一现象尤其体现在中式菜肴、传统酿造、特种农产品加工、调理食品等传统食品制造业。由于品种多、工艺复杂、加工关键参数密集，大多还处于手工和半手工的状态，没有国外经验与技术可以借鉴，更缺少配套智能装备。随着消费者的个性化需求与日俱增，品牌竞争日趋激烈，电商业务蓬勃发展，这些都推动食品工业加速向智能制造转型。

食品工业的营养健康转型和高质量发展是国家“十四五”规划期间乃至更长一段时期食品工业的发展主题，其核心目标是不断提升食品营养健康的价值，满足人民对美好生活的向往。总的来看，我国食品工业转型升级的方向与重点主要包括以下三个方面：

（1）创新产品研发实现补链　食品工业发展的本质是满足消费者健康、营养、安全、美味等购买需求，近年来在政策支持和社会资本推动下，我国高附加值食品品类创新取得了突飞猛进的发展，在产品、技术、人才、配套等方面已经具备了很好的基础。但我们也面临着原始创新能力不强、基础研究和转化研究薄弱、企业综合实力不足等问题，研发新产品仍然以“跟踪”和“仿制”为主，高质量、高附加值的食品较少，部分品类扎堆现象严重，产业迫切需要提升现有食品的健康内涵，发展以中华传统饮食文化为根基，以科学为基础，以食品为载体，应用具备天然、健康特征的功能物质和原料，以满足不同人群的多元化需求的食品。新的环境下，我国食品工业应积极应对，充分利用我国食品工业发展基础好、原料资源丰富、市场庞大等优势，注重产业链安全的建设、产品的差异化定位及健康内涵所形成的价值，开发高质量、高附加值产品，包括：居家“宅经济”催生的方便食品、预制菜食品，增强免疫力的营养功能食品、特殊人群产品开发，基础材料、功能性益生菌等生物科技产品，植物基食品、细胞培养肉等未来食品。

（2）产业链垂直一体化实现延链　食品工业的产业链主要包括：上游环节包括种植/养殖业、捕捞业、饲料工业，下游的餐饮业、物流业、分销行业，以及机械、包装、建筑、添加剂、营销、会展和技术服务等相关领域，中游环节涵盖乳制品加工、肉制品加工、调味品加工、白酒加工等多个细分产业，此外还有贯穿全部产业链的物流配送厂家等。从食品生产流程可以看出，涉及工序较多、链条较长，存在采购成本高、生产周期长、上游环节供应不稳定、对供应链的管理难度大等诸多问题。而一体化生产是指食品加工企业将生产工序都集中在同一工业区内，从而有效缩短了生产周期，实现对客户的高效响应，同时也节约了物流成本和管理费用。目前，很多头部企业已经不局限于单一的加工环节，不仅从上游的原材料生产，再到加工、制造、副产物处理，最后到下游物流、配送等均有布局，还积极地与下游品牌商开展紧密合作。

（3）数字化、自动化、智能化改造实现强链　我国食品装备产业在产业集中度、工艺标准参数、产品品牌质量及可靠稳定性等方面较国际先进水平差距较大。其中，智能成套设备、精密检测仪器、关键易耗零部件仍依赖进口，智能化管理系统（表2-4）在食品制造领域未能广泛普及仍依赖进口，农产品加工转化率和综合利用率偏低，质量标准保障体系急需完善，低温制品、发酵制品产量亟待提升，酒和饮料市场占有率和利润率有待重大突破。智能制造主要包括通过工业互联网实现外部供应链和内部生产系统的数字化连接，食品智能加工装备的开发以及全流程的智能生产线和智能制造工厂等细分方向，可以分别解决系统数据割裂、劳动力成本上升、大规模流程化管理难度高等痛点，实现及时响应交付、降本增效，与印度、巴西等食品制造企业展开错位竞争。

表2-4　食品制造企业常用的智能化管理系统

软件系统	主要功能
企业资源计划（ERP）	以供应链管理为核心思想，建立在信息技术基础上，以系统化的管理思想，为企业决策层及员工提供决策运行手段的集成化管理信息系统。能够对企业的计划、采购、生产、质量、储运、销售、财务等统一管理，使各业务模块使用的数据统一，实现对企业物流，资金流，信息流统一，使企业资源得到合理调配，是现代企业运行的标准模式

续表

软件系统	主要功能
办公自动化系统（OA）	面向组织的日常运作和管理，包含企业除生产控制之外一切信息处理与管理的集合。能够为企业管理者的决策提供参考和依据，为办公室人员提供高效的办公手段和良好的环境，是管理者及员工使用频率最高的应用系统
客户关系管理系统（CRM）	利用信息科学技术对企业客户信息进行收集、管理、分析的管理概念及相应的计算机系统。能够记录企业在营销和销售中和客户发生的各种交互行为和状态，实现相关市场活动的自动化，并可提供各类数据模型，为客户分析和市场决策提供支持
项目管理系统（PMS）	帮助计划和控制项目资源、成本与进度的计算机应用系统。能够收集、整合和分发项目管理过程的输入和输出，开展进度计划管理、成本控制、资源调度和报表编制，从而高效解决项目执行中时间、人员、资源管理的难题
知识管理系统（KMS）	企业开展知识财产积累、共享、传递、版本管理等活动的计算机系统
供应链管理系统（SCM）	供应链管理是指把供应商、制造商、经销商、零售商、客户等一条供应链上的各个节点联系起来并进行优化，使生产资料快速高效地加工、分销成为增值的商品，最后到达客户手上。是整条供应链的节点的总体利益最大化的过程
人力资源系统（HRS）	为企业持续提供人力资源管理的信息化支撑平台，主要适用于企业的人力资源部门，能够实现招聘、考勤、审批、薪酬、绩效、员工信息的自动化管理等
运输管理系统（TMS）	用于企业运输管理的软件系统，为企业管理和控制大量运输货物、仓储服务、汽车管理、货物追踪和运输派遣等复杂运输解决方案，精确控制所有运输活动和费用，并提供实时客户服务，有助于企业减少运输过程，优化运输率并提高航运业务运行效率
仓储管理系统（WMS）	是按照业务规则和运算法则，对普通仓库，物流仓库以及货代仓库的信息、资源、行为、存货和分销运作进行高效管理的计算机软件系统，它能够实现收货处理、上架管理、拣货作业、月台管理、补货管理、库内作业、越库操作、循环盘点、RF 操作、加工管理、矩阵式收费等操作
制造执行系统（MES）	面向各制造工厂，根据 ERP 系统下达的生产订单或者长期计划，通过作业计划编制、作业调度、物料平衡、成本核算、质量管理的过程来组织生产，呈报 ERP 系统数据
过程控制系统（PCS）	控制系统有时也称为工业控制系统（ICS），在制造过程中充当生产线上的设备，以各种方式测试过程（包括温度、压力、流量等），并返回数据以进行监控和故障排除
实验室信息管理系统（LIMS）	以数据库为核心，将实验室的业务流程和一切资源以及行政管理等以合理方式进行管理，配合分析数据的自动采集和分析，主要包括业务流程管理、资源管理、行政管理以及个性化定义功能，可大大提高实验室的检测效率，降低实验室运行成本并且体现了快速溯源和痕迹管理

第三章

四川省食品制造业现状分析

第一节　四川省食品制造业发展现状

四川省面积广阔，气候环境多样，为各类农产品的生产创造了有利的条件。四川盆地及东部丘陵处于亚热带湿润气候区，地势平缓，水系丰富，土壤肥沃，雨热同期，农业生产条件优越，适宜于水稻、油菜、高粱、柑橘、桃、梨等的种植以及生猪的饲养。秦巴山区及盆周山地森林资源丰富，拥有茶叶、猕猴桃、食用菌、魔芋等优质特色林产食品和各类优质畜禽品种。川西南山区地形差异大，兼具南亚热带气候属性，气候温和、阳光充足、无霜期长、干湿季节区分明显，盛产热带果蔬和香辛料。川西高原地处高原高寒气候区，海拔高，气温低，适宜于发展薯类、小杂粮、高山蔬菜、晚熟水果和畜牧业。四川省是全国十三个粮食主产省之一和西部唯一的粮食主产省，也是生猪养殖大省和全国重要的冬春蔬菜生产基地，多种农副产品产量位居全国前列（图 3-1，附录 1）。

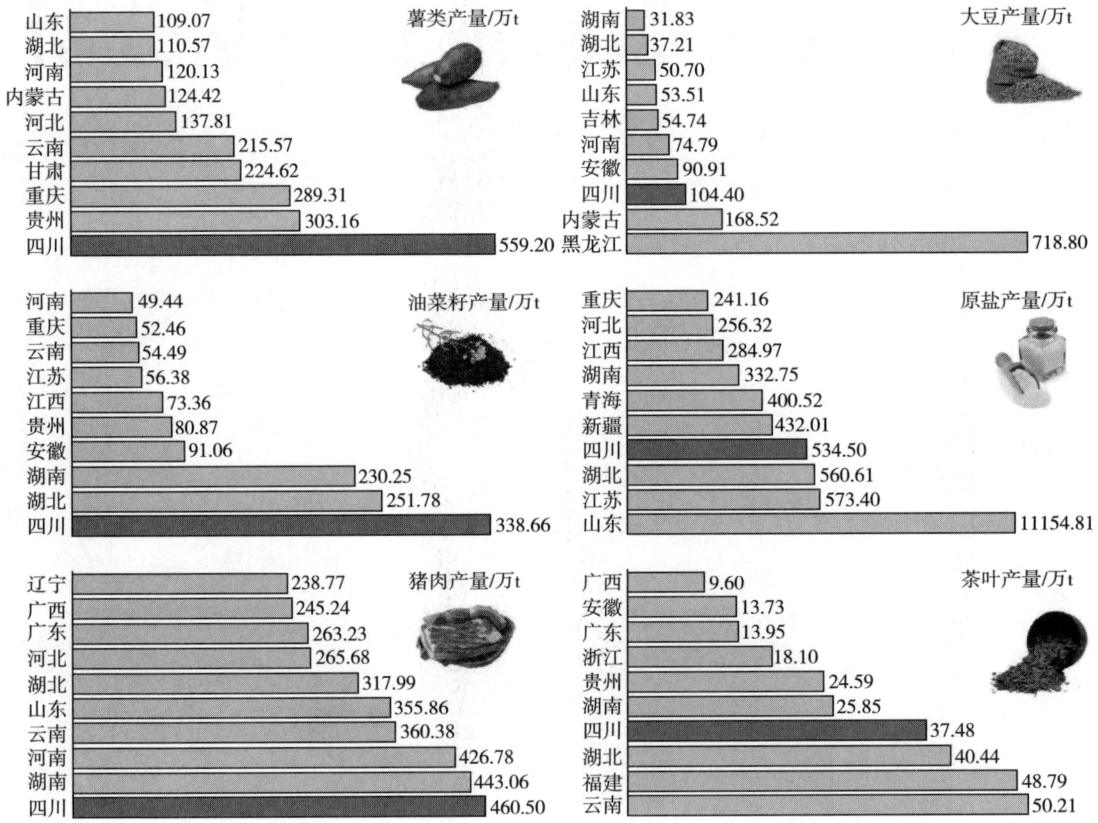

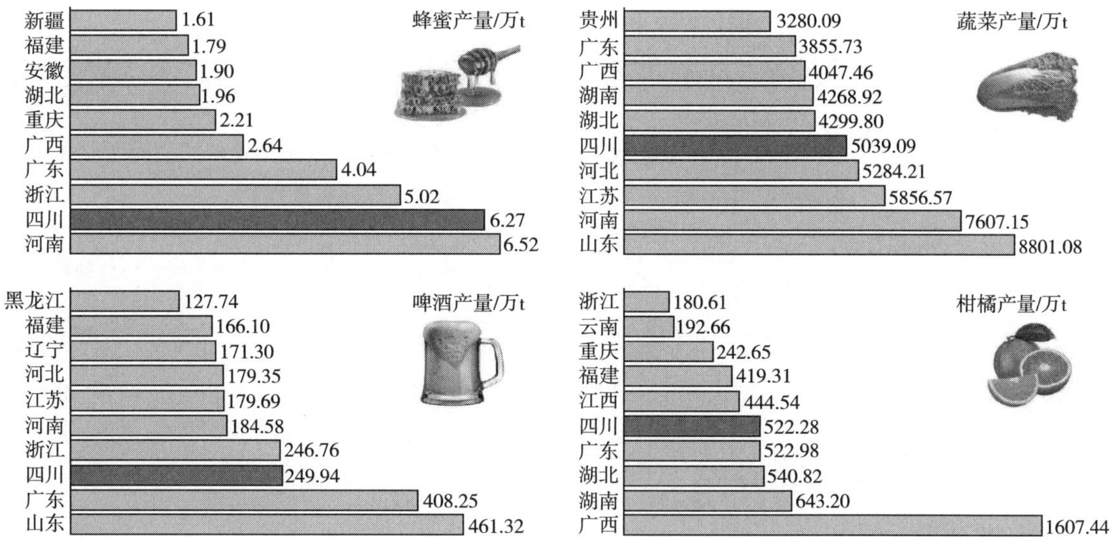

图 3-1　2021 年四川省优势大宗农产品、食品产量及其排名

四川省独特的气候环境，在供给丰富农产品的同时，也孕育了享誉中外的特色美食。川菜以其取材广泛，调味多变，菜式多样，口味清鲜，醇浓并重，善用麻辣调味著称，拥有诸多深入人心的经典名吃，深受全国人民喜爱，堪称八大菜系之首；四川省还是传统发酵食品生产不可多得的绝佳场所，长期以来形成了白酒、泡菜、酿造调味品生产的精湛技艺，这些优势不仅为四川省食品制造的迅速壮大提供了得天独厚的条件，也为产业的发展赋予了鲜明的地域特色。

做大做强食品制造业，既是四川省擦亮农业大省金字招牌的突破口，也是推进新型工业化，加快建设现代产业体系的重要组成部分。近年来，食品饮料产业先后被纳入四川省“5+1”产业体系和六大优势产业中，省政府出台了一系列政策（表 3-1），支持食品制造业的高质量发展，在确保食品安全和粮食安全的基础上，坚持质量为本、创新驱动、绿色发展、开放合作的原则，不断优化食品产业结构，壮大特色产业集群，培育科技创新动能。《四川省食品安全和产业发展规划》提出，到 2025 年，四川省食品饮料产业实现营业收入 15000 亿元以上，年均增长 8% 以上。在各方的支持和努力下，四川省食品产业规模稳步增长，企业规模不断扩大，经济效益持续向好，现代化程度明显加强，部分重点行业处于全国领先地位，具备转型升级和创新发展的良好潜力。食品饮料产业对四川省社会经济的带动作用逐渐凸显，成为经济发展名副其实的“稳定剂”和“加速器”，四川省已成为全国知名的食品加工大省。

表 3-1 四川省近几年涉及食品产业的相关政策一览表

政策名称	发布时间	发布机构	涉及食品产业的内容
《四川省促进川菜走出去三年行动方案（2018—2020 年）》	2018—3—21	四川省人民政府办公厅	从川菜品牌形象树立、品质标准确定、文化推广、市场开拓等环节建立“走出去清单”
《四川省加快推进供应链创新与应用实施方案》	2018—3—27	四川省人民政府办公厅	推动建立重要产品质量安全追溯体系。加强冷链设施及标准化建设，构建冷链物流服务体系，推动建立质量安全追溯机制和农产品供应链平台，推进供应链协同制造，支持饮料食品等产业领域，建立供应链联盟，推进服务型制造，促进制造供应链智能化，积极倡导绿色供应链，参与构建全球供应链
《关于加快推进农业供给侧结构性改革大力发展粮食产业经济的实施意见》	2018—5—21	四川省人民政府办公厅	坚持“增品种、提品质、创品牌”，实施“中国好粮油”四川行动，大力发展“三品一标”粮食产品，做强做大油菜产业，增加绿色优质粮油产品供给，大力促进主食产业化，加快发展粮食精深加工与转化
《四川省国民营养计划实施方案》	2018—9—26	四川省人民政府办公厅	扩大营养型优质食用农产品生产，着力发展保健食品、营养强化食品、特殊医学用途配方食品等营养健康食品。构建以营养需求为导向的现代食品产业体系
《四川省加强质量认证体系建设促进全面质量管理实施方案》	2018—10—24	四川省人民政府办公厅	深入开展认证认可工作，探索开展四川质量品牌认证，实施农业品牌化战略，推进农产品“三品一标”示范创建，重点开展有机产品、绿色产品认证，着力推动出口食品企业备案审批，采信企业自我声明和第三方认证机构认证结果，促进检验检测认证质量提升
《四川省人民政府办公厅关于优化区域产业布局的指导意见》	2018—12—12	四川省人民政府办公厅	落实主体功能区规划，引导产业布局调整优化，强化区域间协同合作，发展食品饮料等 5 个万亿级支柱产业，推动产业集聚集群发展，优先发展名优白酒、肉食品、粮油、茶叶等“千亿级”特色优势产业，推动产业绿色发展
《优质白酒产业振兴发展培育方案》	2019 年	省领导联系指导优质白酒产业机制办公室	明确提出川酒产业的发展方向，发展路径和产业目标
《农产品精深加工产业培育方案》	2019 年	省领导联系指导农产品精深加工产业机制办公室	加快培育一批特色优势产业、带动能力强的龙头企业和加工园区、有影响力的知名品牌，推动农产品精深加工产业高质量发展，擦亮四川省农业大省的金字招牌，为乡村振兴夯实产业基础

续表

政策名称	发布时间	发布机构	涉及食品产业的内容
《支持食品产业健康发展的若干措施》	2020—4—20	四川省市场监督管理局	优化简化食品生产许可审批流程，优化保健食品品种备案程序，推动餐饮企业创新经营方式，鼓励网络订餐、在线下单、统一配送，维护公平竞争市场秩序，打破地方保护，消除行政垄断，严厉打击食品生产经营领域的市场价格违法、产品假冒伪劣、知识产权侵权假冒、不正当竞争和广告违法行为，提升识假辨假能力
《关于推动制造业高质量发展的意见》	2020—7—20	中共四川省委、四川省人民政府	建设以优质白酒、生物医药及大健康、绿色食品及农产品精深加工等为代表的世界级食品饮料产业集群，成渝地区双城经济圈南翼地区联动聚集食品饮料等产业
《四川白酒“十朵小金花”及品牌企业三年培育计划》	2020—10—14	四川省经济和信息化厅、发展改革委、科技厅、生态环境厅等七部门	加强规划指导、加大技改力度、加强质量建设、加强创新融合、强化宣传推广、强化人才建设。到 2022 年，“十朵小金花”品牌影响力和辨识度进一步提高，企业规模实力进一步增强，主要经济指标实现快速增长
《四川省经济和信息化厅工业和信息化助推乡村振兴工作方案（2021—2025 年）》	2021 年	四川省经济和信息化厅	加快推动农产品加工业提质增效，大力推动农产品加工产业集聚发展、强化农产品加工企业带动作用、加强农产品加工质量品牌建设、拓展农产品加工营销市场
《四川省“5+1”重点特色园区培育发展三年行动计划（2021—2023 年）》	2021—2—27	四川省人民政府办公厅	打造产业集群，强化创新驱动，增强承载能力，提升服务水平，推进绿色安全发展，强化规划引领，创新管理体制
《四川省食品安全和产业发展规划》	2022—4—27	四川省食品安全委员会办公室	健全食品安全法规制度，落实食品安全责任，加强全过程监管，提升监管保障能力，保持严惩重处高压态势，持续优化产业空间布局，推动重点领域加速发展，着力强化产业发展支撑
《四川省农产品加工助推乡村振兴重点企业认定及培育办法》	2022—6—18	四川省经济和信息化厅	确定了包括农副食品加工业、食品制造业、饮料和精制茶制造业在内的重点企业的申报、认定、培育和管理程序和办法

续表

政策名称	发布时间	发布机构	涉及食品产业的内容
《支持预制菜产业高质量发展的若干措施》	2022—12—28	四川省经济和信息化厅、科学技术厅、农业农村厅、商务厅、市场监督管理局	适应消费升级需求，抢抓预制菜发展机遇，推动川菜规模化、标准化、产业化发展。加强质量标准建设、支持产品创新开发、培育企业主体、支持原料基地建设、支持绿色低碳发展、支持品牌矩阵打造、支持产品市场拓展、支持冷链物流建设、支持产业集群发展
《四川省进一步提升产品、工程和服务质量行动实施方案（2023—2025 年）》	2023—6—8	四川省质量强省工作领导小组	提升粮食品种品质品牌，强化粮食等战略性物资质量监测和保障，培育企业自主创新平台和公共服务平台，推动新一代技术在工业领域的应用，优化服务管理质量，提振餐饮消费，发挥科技创新引领优势，强化产业链全面质量管理，加快四川特色品牌培育创建等

一、四川省食品制造业发展成就

（一）产业规模持续扩大，经营效益明显改善

2022 年，四川省食品饮料产业实现营业收入 8555 亿元，五年内增长 4.3%，产业规模位居全国第三位，优质白酒、粮油加工、新型竹产业、肉制品加工、调味品制造、预制菜等细分产业均已突破千亿规模。食品饮料产业实现利润总额 1154.8 亿元，占据全国食品饮料产业利润的五分之一，位居全国第一位。企业数量持续增加，食品生产经营主体超 140 万户，规模以上企业数量超 2900 户，营业收入占四川省工业的 16.8%，涌现了一批营收超百亿的龙头企业。2022 年 12 月 18 日公布的《胡润中国食品行业百强榜》中，四川企业占据了食品企业百强榜 10 个席位，其中五粮液、泸州老窖分列第二、第六位。食品产业已成为支撑四川省工业经济的主导产业。

（二）特色优势不断增强，行业影响不断拓展

依托自身优势，四川省食品产业多头并进，加速聚集，品牌要素带动效应明显：拥有白酒“六朵金花”“十朵小金花”，白酒产量和营收稳居全国第一位；调味品、泡菜产业强势崛起，产业规模年均增长 10% 以上，形成了“郫县豆瓣”“东坡泡菜”两大知名品牌和郫都、眉山、德阳等知名产业集群发展；农产品精深加工产业加速优化，“天府菜油”品牌价值不断提升，温江、遂宁、绵阳等地肉制品和预制菜产业蓬勃发展，茶

产业综合实力位居全国第二位。

四川省食品产业推出了“四川名优”“四川老字号”等品牌，提高了企业知名度和美誉度；积极参加国内外各类展会和交易会，扩大了市场份额。面对激烈的国内外竞争，四川省食品饮料应市场变化，努力拓展线上线下渠道，开拓国内外市场，推出方便自热火锅、川式复合调味酱、红油泡菜、农家小酥肉等风靡全国、市场反响良好的创新产品，满足了消费者多样化、个性化、高品质的需求，极大拓展了四川食品饮料产业的影响力。

（三）监管能力有效提升，科技创新地位凸显

近年来，四川省多方发力，齐抓共管，食品安全的保障水平不断提高。四川省十四届人大常委会通过了《四川省食品安全条例》，相关部门制定和修订了一系列生产标准，四川省食品药品监督管理局加强了对食品生产、流通、餐饮服务等环节的监管力度，坚决落实“四个最严”和食品安全“两个责任”，“智慧食安”一体化监管平台正式启用，监管能力和水平达到全国领先水平。社会共治不断推进，广大消费者的食品安全意识不断增强，满意度和信任度有效提升，食品安全形势总体稳定。

四川省食品产业已建成省级重点实验室、工程技术研究中心、产业技术研究院20余个，培育省级企业技术中心178家，高新技术企业、科技型中小企业80户，认定了一批智能制造示范工厂和数字化车间，覆盖了特色优势食品领域内的大部分头部企业。2018年以来，食品领域内96项研究成果获四川省科技奖励。现代工艺和智能装备的应用使食品生产的技术面貌焕然一新，生产效率大幅提升，质控水平显著增强；数字化技术和柔性定制模式助力企业捕捉消费需求，改善经营效益，人均产值成倍增长。

二、四川省食品饮料产业当前面临的主要问题

（一）农业支撑弱，特色资源尚待挖掘

农业农村部提出，到2025年，我国主要农产品加工转化率将达到80%，从而实现农产品加工业与农业总产值比值从2.3∶1跃升至2.8∶1的发展目标。四川是全国重要的粮油、生猪、果蔬等农产品生产大省，近年来，四川省依托农业优势资源打造的“川字号”特色产业集群，带动了相关的农产品加工行业的兴起。

然而，四川省农产品生产形态与加工产业的匹配性仍有待提高。第一，农业现代化尚待提升。四川省生猪养殖量和猪肉产量均居全国第一位，但规模养殖比例仅有60%，远低于河南省（77%）和湖南省（70%）。薯类种植面积和产量居全国第一位，但机械作业比例不到50%，远低于山东省的90%。第二，主推品种的加工适应性相对较低。粮油加工所需的优质中筋小麦品种、优质川稻品种数量较少，双低菜籽油品种推广面积还

有待拓展。白酒酿酒专用粮生产面积仅 10.67 万 hm^2，优质高产抗逆品种选育工作滞后，产量和品质均不能满足白酒产业高质量发展需要。果蔬种植产业主要应对鲜销市场，对适合四川气候特点加工专用品种的培育力度和种植规模均不足。第三，农产品冷链物流设施设备亟待完善。冷链物流缺乏食品饮料供应链急需的数据化、网络化、敏捷化、柔性化技术。当前乡村物流平台系统建设的完善程度不一，农业生产和食品制造信息共享效率较低，相关农产品无法高效输出，这不仅会导致农业资源的浪费，还增加了农产品的物流成本。例如，水果的产后冷藏运输率仅为 25%，产后损耗率则高达 20%～30%，与发达国家 60% 的产后冷藏运输率和 5% 以下的产后损耗率仍有很大差距。第四，农产品加工链条发展不完善，粮油、特色肉制品、林产食品加工等领域缺乏大型领军龙头和全国性品牌，难以带动产业化发展，农产品质量优势不为消费者熟知，坐拥“川味”特色资源，却频频被抢占先机。四川省猪肉深加工比例不足 30%，主食产业化率仅有 25%，与同是农业大省的河南（分别为 55%，60%）存在明显差距。总体来看，四川省作为农业大省的资源优势未能充分支撑食品饮料产业的发展，也与人民日益增长的美好生活需求不相匹配。

（二）技术和创新的引领地位仍需加强

四川省食品饮料加工企业除头部企业外，科技实力整体偏弱，创新能力整体不足。加工过程缺少必要的机械化、信息化、智能化应用技术支撑，加工工艺与现代科技跨界融合度不高，食品产业发展缺乏核心技术和自主知识产权。一些传统食品制造业，如白酒、调味品、发酵乳制品行业还存在工艺原理不清、重要风味调控菌种作用机制不明的情况。泡菜和调味品等特色产业内生性创新动力不足，在复合调味品、预制菜等新兴领域未能凸显特色，缺乏创新性拳头产品，导致升级步伐减缓，渠道单一，品牌红利见顶。特色调味品产业依赖餐饮行业主导的被动增长，在疫情中陷入困境，活菌产品、圆盘制曲和生物反应器等先进生产手段推广应用缓慢，技术和产品迭代止步不前，质量提升遭遇瓶颈。

科技创新水平的滞后使产业总体加工利用率低、精深加工不足、产品质量不稳定等问题更加突出，并随之带来产品结构不协调、同质化严重、附加值低等行业问题。

食品制造业领域生产性服务业发展相对滞后，影响产业融合进程，技术服务业在支撑引领食品制造高质量发展的作用还不明显。能够提供高质量需求分析、创新试验、原型开发、知识产权挖掘保护等技术和创新服务的机构很少，公共服务资源相对匮乏，依赖大学和科研院所的技术服务质量仍有待提高。有条件的食品企业往往通过寻求一线城市知名机构或国内知名高校合作的形式解决其技术和营销服务需求，而四川省本土的高校在食品学科建设和服务能力上无法满足企业发展的需求，跨界融合的食品制造业生态远未形成。

（三）企业规模和品牌效益不明显

四川省食品饮料行业已出现了一批产业规模较大、品牌知名度较高的企业，如驰名中外的白酒“六朵金花”，以及总体规模达全国第三位的调味品行业。但产业龙头的背后，是数以万计的小规模农产品加工企业。许多细分领域龙头企业缺失，企业规模偏小，加工工艺及设备较落后，半机械化程度仍占较大比重，对种植、养殖行业的带动能力不强。企业所处发展阶段相似、产品结构、目标市场定位雷同，区域企业之间内耗严重，相互掣肘，无法形成合力。尤其是在白酒、肉、乳、茶叶加工方面，很多企业成为最终产品品牌商的原料供应商，自身无品牌或无品牌知名度，导致这些产业长期缺乏行业领先、业界知名的品牌。许多公共品牌建设和运行的质量有待提升。例如，四川省现有的近500个食品类国家地理标志产品（商标）中，有18种绿茶、16种柑橘类水果、6种大米、4种粉条、4种葡萄（附录2），这些同类型的产品定位不清，优势不明显，同质化竞争严重，极大削弱了地理标志保护的含金量（表3-2，表3-3）。此外，四川省食品产业的开放程度和国际化水平较低，缺乏国际化人才和具有国际化视野的企业。国际竞争激烈挑战了食品加工产业的地位和优势，国际贸易摩擦、技术壁垒、市场准入等问题影响了食品加工产业的出口和扩张，国外食品品牌、产品、模式等问题影响了食品加工产业的国内市场份额和利润空间。

表3-2　几种同质化国家地理标志产品（竹荪）的品质要求对比

名称	长宁竹荪	青川竹荪
认证时间	2016年	2012年
保护范围	长宁县辖区	青川县19个乡镇
保护品种	长裙竹荪	/
色泽	米黄色或微黄	微黄色或米黄色
气味	有长裙竹荪特有香味	竹荪特有香味，无异味
形状	菌裙呈网状，菌柄、菌盖完整	菌裙呈扇形自然张开，菌裙长度达菌柄长度的85%以上，菌柄直径≥15mm，菌柄长度≥120mm
水分	≤13.0%	≤13.0g/100g
粗蛋白	≥14.0%	≥17.0g/100g
粗纤维	≤10.0%	≤10.0g/100g
总糖	≥0.7%	/
灰分	/	≤7.0g/100g
安全指标	符合相关规定	符合相关规定

表 3-3　几种同质化国家地理标志产品（枇杷）的品质要求对比

名称	文宫枇杷	米易枇杷	龙泉驿枇杷
认证时间	2015 年	2017 年	2012 年
保护范围	长宁县辖区	米易县	龙泉驿区
保护品种	大五星	大五星、早钟六号	大五星
色泽	果面色泽呈橙黄色，色艳	果皮表面及果肉呈金黄色或橙红色	果面金黄或橙红色，表面光滑，色泽靓丽，果肉橙红色
口感	多汁、味甜，皮薄易剥离	果实肉质细腻、甜味浓厚、汁多鲜美	质地细嫩，酸甜爽口，口感浓郁
形状	果大	圆形或卵圆形	圆形或卵圆形
单果重	≥40g	40g 以上（一级） 30g~40g（二级）	≥40g
可溶性固形物	≥14.0%	≥10%	≥12.5%
酸含量	总酸≤0.7g/100ml	固酸比≥16：1	≤0.6%
可食率	≥64%	≥65%	/
安全指标	符合相关规定	符合相关规定	符合相关规定

（四）与消费升级需求尚有差距

消费者对于食品的口味偏好、文化认同、社会责任的不断升级，要求食品制造业持续创新，不断提高企业社会责任感，以适应和满足消费者的新需求和新期待。无论是有机食品、绿色食品还是方便食品，其本质都是利用不断发展的消费需求提升产品的附加值，从而提高产业的盈利能力。然而，四川省食品产业发展水平相对较低，中高端产品比例较低，产品结构不合理，市场机制不够活跃，尚未出现国际知名品牌。品牌培育上存在观念误区，很多地方把“驰名商标”“名牌产品”数量等同于“金字招牌”，导致官方授信品牌价值与市场认可程度不对等，且出现了边际递减效应。行业自律意识不强，90%的食品制造企业从家庭作坊发展而来，缺乏高端化、专业化的管理者，随着行业的发展，生产经营行为不规范、质量控制能力薄弱，质量标准不统一，行业信用体系建设滞后等弊端愈发突出，导致企业发展长期停滞。食品制造业与新时代人民群众对美好生活的需要仍存在一定差距。

此外，四川省食品饮料产业还面临一些长期以来积累的问题和挑战。比如成本增长过快导致企业负担过重，中高端人才供给严重不足，公共服务体系建设比较薄弱，协调发展不够充分，各地区、各部门之间协调配合不够紧密，信息安全环境较差等。

第二节　四川省优势特色食品制造业门类分析

2023 年 3 月 29 日，工业和信息化部等十一部门联合发布的《关于培育传统优势食品产区和地方特色食品产业的指导意见》提出，到 2025 年基本形成“百亿龙头、千亿集群、万亿产业”的地方特色食品发展格局，这为地方立足自身优势，发展特色食品制造业提供了指导。下文将分别从白酒、肉制品、粮油、特色调味品等产业，详细梳理产业发展现状，以阐明四川省具有优势特色的食品产业门类。

一、白酒产业

（一）稳居白酒产量产值龙头，占据全国半壁江山

四川省拥有悠久的白酒酿制历史，白酒消费深入人心，白酒产业在全国具有绝对优势。四川省白酒产量自 2007 年超过山东省之后一直稳居全国第一位。2022 年全省白酒产量达到 348.1 万升，远高于其他省份，占据全国总产量的 52%（图 3-2），销售额达到 3447.2 亿元，占据全国白酒销售额的 52%，实现利润 754.7 亿元，占据全国的 34%，在产量规模上，四川省白酒产业已完成“二瓶有一”的目标。

在行业整体产量下降的背景下，近年来四川省白酒产量和营收略有收缩，但市场份额和盈利均实现逆势增长。2021 年四川省居民人均可支配收入约为 2.91 万元，同比增速约为 9.64%，高于全国平均增速，收入的稳定增长及对烟酒消费高偏好为省内白酒消费的增长和升级奠定了基础。参考国家统计局及《2021 中国白酒消费洞察白皮书》披露的人口及白酒渗透率数据，粗略测算 2021 年四川省白酒市场销售额在 414 亿~431 亿元，整体容量较大。

（二）产业集群优势突出，知名品牌众多

政策保驾护航，推动产业转型升级。政策是白酒产业持续、稳定、健康发展的重要保障，近年来四川省各级政府制定一系列政策以推动白酒产业发展，通过引导资金引入和产业技术升级对省内各酒企起到了有力的推动作用，同时也对酒企未来的发展制定了目标与规划，为川酒高质量发展注入了“强心剂”。在政策推动下，四川省目前规划了“4+2”全新产区矩阵。其中，“2”指泸州、宜宾两个世界级优质白酒产业集群，2021 年白酒规模占到全省的 83.5%，白酒产量占到全省的 72.1%；“4”指成都（邛崃）、德阳（绵竹）、遂宁（射洪）、自贡（富顺），要建成 4 个全国优势白酒产区（图 3-2）；产区

较为集中主要源于四川盆地内水系的分布特点，也有利于进一步发挥酒企的生产集聚效应。

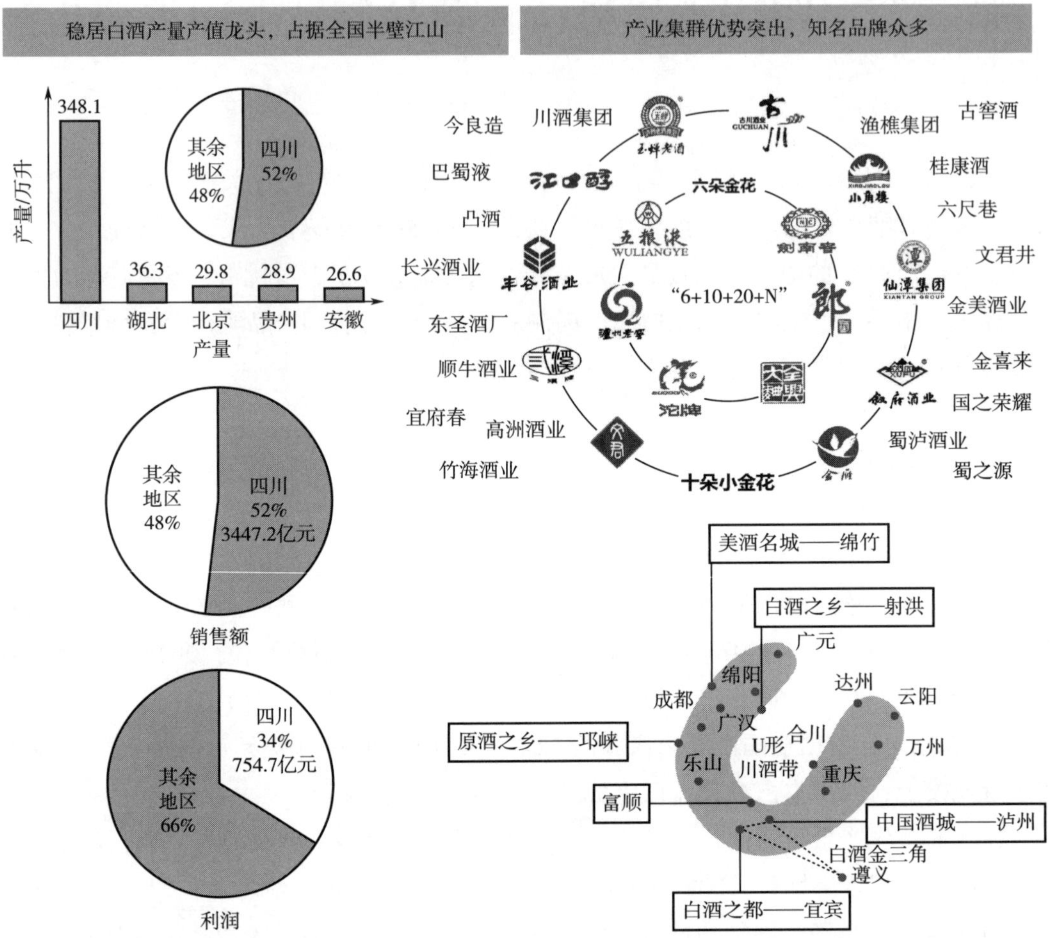

图 3-2　四川省优质白酒产业现状

目前，四川共有规模以上酒企 294 家，占全国 29.0%（2021 年），在世界品牌实验室发布的 2021 中国 500 强企业品牌价值排行榜中，四川白酒“六朵金花”均榜上有名，品牌价值总和占据中国高端白酒品牌价值半壁江山；特别是五粮液紧随茅台之后，排名第十七位，充分展现“旗帜”作用。四川省白酒产业形成了以“六朵金花”等一线强势品牌为核心，“十朵小金花”等二线知名品牌、“原酒 20 强”和众多中小品牌协作发展的“6+10+20+N”金字塔型产业格局（图 3-2）。“六朵金花”和“十朵小金花”中，除郎酒和仙潭酒业主打酱香型白酒之外，其余“金花”均主打浓香型白酒。根据四川省酒类流通协会调研数据，2020 年“六朵金花”省内总销售额约 130 亿元，“十朵小金花”省内总销售额约 20 亿元。从整体来看，以“六朵金花”为引领，“十朵小金花”为代表的川酒目前在省内市场占据主导地位。

（三）优势领先地位面临挑战，行业能效有待提升

四川白酒品牌众多，产量和营收全国领先，但与盈利不相匹配，2022 年四川省白酒产量、营收均占全国的 52%，而利润仅占全国的 34%。与之相比，贵州省白酒产业以占全国 4. 3% 的产量，创造了全国 44% 的利润。四川省白酒头部企业产值多处于百亿区间，与产值千亿的贵州茅台存在层级差距；腰部企业在技术能力、产品创新、推广营销等方面仍相对不足。随着贵州、安徽、山西等省份白酒产业的全国布局和白酒行业生产规模的收缩，白酒市场的挤压式竞争愈发激烈，四川省白酒产业的优势地位面临着较大挑战。

二、肉制品产业

（一）消费基础深厚，消费量大

我国人均肉类（含禽类）消费由 2013 年的 32. 8kg 上升到 2022 年的 46. 3kg，带动了肉制品产业的蓬勃兴起。据统计，我国肉制品市场规模由 2017 年的 16892. 36 亿元增长至 2022 年的 20267. 82 亿元，复合年均增长率超过 3%。肉制品在四川省居民饮食中占有重要地位，腊熏制品、酱卤制品和以肉类为主特色川菜历史悠久，深受喜爱，传统季节性肉制品年加工量高达数百万吨。因此，随着消费的升级，四川省肉类消费增长更加突出，消费量明显高于全国水平。统计数据显示，2022 年四川省年人均肉类（含禽类）消费量 58. 3kg，远高于全国平均水平。2021 年四川省人均猪、牛、羊、兔肉和禽肉消费量每年分别达到 36. 3、1. 9、0. 5、4. 5 和 13. 14kg，人均猪肉消费量仅次重庆居全国第二位，生猪年需求高达 7315. 7 万头，人均兔肉消费量为全国平均水平的 8 倍以上，年消费肉兔超 3 亿只，占全国的近七成，鸡肉人均消费量也相对较高。

（二）畜禽资源丰富，产量突出

四川省是我国的畜禽生产大省，也是国家唯一批准建设的优质商品猪战略保障基地。数据显示，2022 年，四川省实现生猪出栏 6548. 4 万头，存栏量 4158. 6 万头，生猪年屠宰能力达 7000 万头，肉类总产量达到 685. 7 万 t，猪肉产量达到 478. 0 万 t，生猪出栏量和猪肉产量均位居全国第一位（图 3-3），有力促进了全省畜牧业高质量发展，保障全国肉类消费市场的稳定供给。2023 年印发的《四川省推进生猪产业现代化发展工作规划》中提出，到 2027 年，四川省生猪优质产能达 7000 万头左右，出栏量 6000 万头以上，猪肉产量 460 万 t 左右，猪肉自给率达 100%。

四川省深厚的肉制品消费传统和发达的养殖产业孕育了丰富的畜禽地方品种，是我国名副其实的畜禽遗传资源大省。目前四川省列入《国家畜禽遗传资源目录》的传统地方畜禽品种 52 个，占全国的 9. 77%。内江猪、成华猪等六大传统猪种，以及三江牛、

甘孜藏牛、西藏羊、欧拉羊、米易鸡、卢宁鸡等优良畜禽品种享誉国内外，为发展具有地方特色的优质肉制品加工提供了丰富的资源。

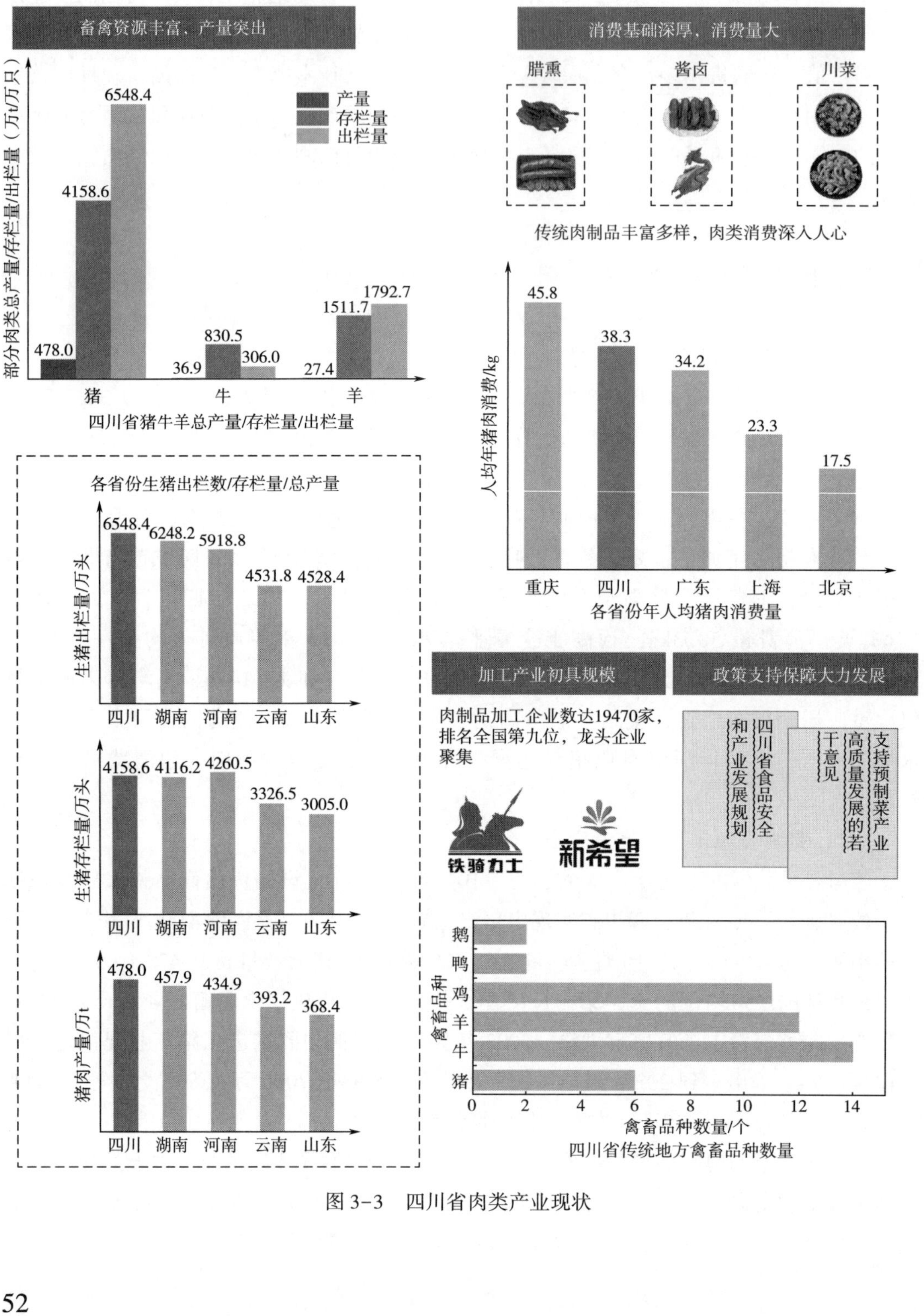

图 3-3　四川省肉类产业现状

（三）精深加工优质化、标准化和规模化总体落后

四川省一直是全国生猪大省，但猪肉加工起步晚、水平低，并不是传统意义上的猪肉深加工大省。四川省常年出栏 6000 万头生猪，出栏量位居全国首位，但进入深加工领域的仅有 720 万头左右，占比仅 12%。这个比重不仅远远低于发达国家，也低于全国 17% 的平均值，与山东省、河南省相比存在较大差距，主要体现在规模、品牌、领军企业等方面的相对薄弱。统计显示，四川省猪肉深加工产能的三分之一集中在遂宁，当地猪肉罐头产量占四川全省六成以上，但当地没有一家国内一线品牌，最大的猪肉罐头生产商——四川高金实业集团股份有限公司年销售额也不过 3 亿元，而在河南，仅双汇集团 2022 年产值已超 600 亿元。同时，精深加工短板的存在，也与四川省传统的生猪养殖模式存在一定程度的关系。多年来，四川省生猪出栏中，散养户产能占比在六成以上，对加工企业来说，散养猪收储不方便、供货不稳定、品质控制困难、成本较高。目前，四川省正加快实施“大企业大集团提升行动”，建立“一企一策”个性化培育机制，强化核心竞争力，着力培育通威、铁骑力士、高金等重点猪肉制品加工企业，在巩固规模优势的基础上，大力开发精深加工肉制品新产品，力争抢占更大的市场份额。

三、粮油产业

（一）品种丰富，薯类菜籽产量第一

近年来，四川省实施“优质粮食工程”，全面推进“天府粮仓”建设，重点布局 90 个粮食生产重点县和 48 个产油大县，全力保障粮油安全。最新数据显示，四川省粮食总产量达 3510.5 万 t（图 3-4），粮食种植面积 646.4 万 hm^2，居全国第九位，西部地区第一位，其中薯类、大豆、稻谷、玉米、小麦产量分别达到 559.20、104.4、1493.4、1084.70 和 245.3 万 t，居全国第一位、第三位、第七位、第八位、第十位。此外，四川省油料作物产量 416.6 万 t，仅次于河南省居全国第二位，油菜籽产量 338.66 万 t，居全国第一位，占据全国总产量的近四分之一。四川省已成为西部唯一的粮食主产省，并稳坐全国油菜第一大省，为发展粮油加工产业提供了丰富的资源。

（二）加工产业特色鲜明

近年来，四川省粮油加工产业持续快速发展，粮油产业总产值现已达 2535 亿元，居全国第六位，西部地区首位，粮食加工转化率达到 80%，主食品工业化率也已超过 20%。初步形成了成德绵植物油和小麦粉加工、川东北地区大米加工、川南地区制酒加工、川西北高原特色粮油加工的粮油产业格局，涵盖成品粮油、食品及副食酿造、饲料转化、粮食深加工（食用酒精）、制酒等齐全的门类，尤其是在地方特色粮油产业发展中成绩突出。

作为薯类种植大省，四川省薯类加工起步较早，并拥有悠久的薯类产品食用传统，梓潼片粉、琅琊土豆、周礼粉条、红薯麻糖等特色名优产品具有很高的知名度，目前已建立起了较为完善的薯类种植、储藏、加工的产业链条，目前年鲜薯加工量 300 多万 t，加工率在 30%左右。除用薯类作物加工淀粉外，近年来还推出了粉丝、面条、馒头、糕点等健康主食，饮料、薯干、薯片、酸辣粉、薯叶酱菜等方便食品以及红薯酒、花色素等高附加值食品。在薯类生产集中的安岳、遂宁、凉山州等地区，控温储存设施、分选机和淀粉提取设备已较普遍，在龙头加工企业光友粉丝，自动化的薯类加工装备得以广泛应用。

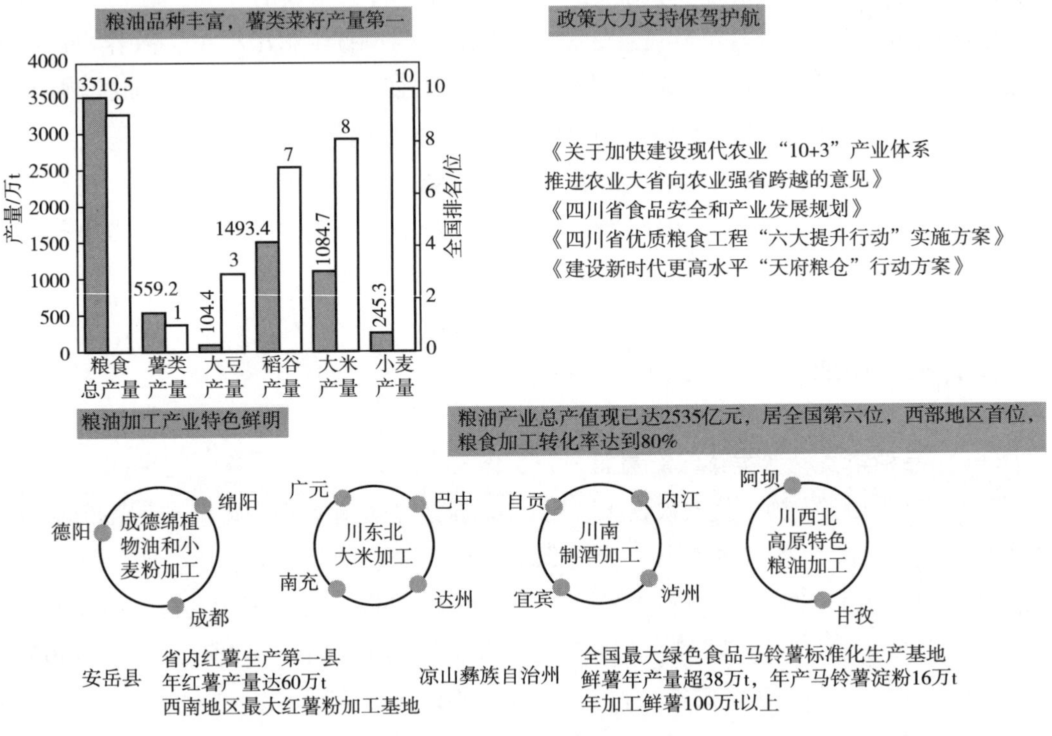

图 3-4　四川省粮油产业现状

四川省是传统的菜籽油消费大省，年消费量高达 110 万 t，居全国第一位。自 2015 年以来逐渐畅销全国，目前已占据全国菜籽油市场的 30%以上，成为菜籽油产业的主流品类，并出口欧洲，采用传统小榨工艺的川产浓香型菜籽油，色香味独特，具有较强的竞争优势。2018 年以来，四川省立足菜籽油产业优势，启动实施“天府菜油”行动，在全国率先完成省级菜籽油区域公共品牌“天府菜油”商标的注册工作，采取“公共品牌+企业自有品牌”的发展策略，使一批县域优质粮油产品获得“天府菜油”商标授权。迄今，全省累计建成“天府菜油”优质原料基地和示范基地 600 万亩（1 亩 = 666.6m^2），各相关企业建立线上线下门店超过 2000 个，累计有 7 个菜籽油产品获得中国粮油学会“中国好粮油”称号，“天府菜油”被评为8个中国粮油影响力品牌之一，菜油产业的转型升级明显加快，“大米看东北，小麦看河南，菜油看四川”已成为粮油产业的共识。

四、特色调味品

近年来，随着餐饮和消费的升级，川菜在全国市场表现活跃。据公开数据显示，2022年川菜品类的餐饮门店数已超过32万家，占全国餐饮门店总数的31.3%，位居各地方菜系之首。餐饮业规模的扩大带动了川式调味品产业的快速发展，各类产品不断创新并迅速迭代，行业品牌众多、市场繁荣且竞争激烈。2022胡润研究院发布的《胡润中国食品行业百强榜》中，千禾味业、天味食品位列其中。后疫情时代，随着川菜的普及与创新、预制菜产业的投资热潮及川菜方便化、快捷化、多样发展趋势的演进，川式调味品产业将更加广泛地进入家庭及中小餐饮企业，迎来产业发展的黄金期。川式调味品产业的蓬勃发展，是行业带动产业链从业市场、助力产业结构深度调整、推进经济社会高质量发展的集中缩影。

据统计，全球每年调味品营业额高达2500亿美元，占食品工业额的12%左右，我国调味品产业总产值近3461亿元，占世界调味品市场总量的20.9%，预计2023年终端消费规模将超过6000亿元。川式调味品产业占全国调味品市场的五分之一。据统计数据测算，川式调味品产业总体市场容量达1030亿元，到2025年有望达到1800亿，复合增速达到12%。2020年，四川省调味品产业年产值达600亿元，居全国第三位。其中，泡菜、调味油、火锅底料、复合调味料、川菜调料（鱼调料、特色川菜调料）为主要品类（表3-4）。其中，火锅底料、川菜复合调味料这两个细分的川菜调料领域发展较快，火锅调料近五年的复合增长达到15%以上，川菜复合调味料达到16%以上。根据《2021年美团餐饮行业报告》显示，在2020年主要特色菜细分门店数量中，川菜、火锅以28.8%的占比高居第一位。

表3-4　川式调味品产业主要分类和代表品牌

品类	代表品牌
火锅底料	海底捞、大龙燚、小龙坎、扬名
泡菜	吉香居、川南、李记、味聚特、高福记
佐餐酱	川娃子、吉香居、饭扫光、味聚特
川菜调料	好人家、胖子、金宫川派、友联、新好
豆瓣酱	丹丹、鹃城、恒星、旺丰、丽通
复合调味粉	六婆、翠宏、美味美料

续表

品类	代表品牌
调味油	丁点儿、幺麻子、麻鬼、建华、五丰黎红
定制餐调	聚慧、川娃子、圣恩、新雅轩、申唐

四川省现已形成了以郫都区为核心的特色豆瓣川菜产业集群、以眉山市为核心的泡菜产业集群、以广汉市为核心的火锅产业集群、以阆中市为核心的麸醋产业集群等。特别是“郫县豆瓣”“眉山泡菜”“洪雅藤椒”等区域公共品牌优势突出，呈现出组织化发展的趋势（图 3-5）。

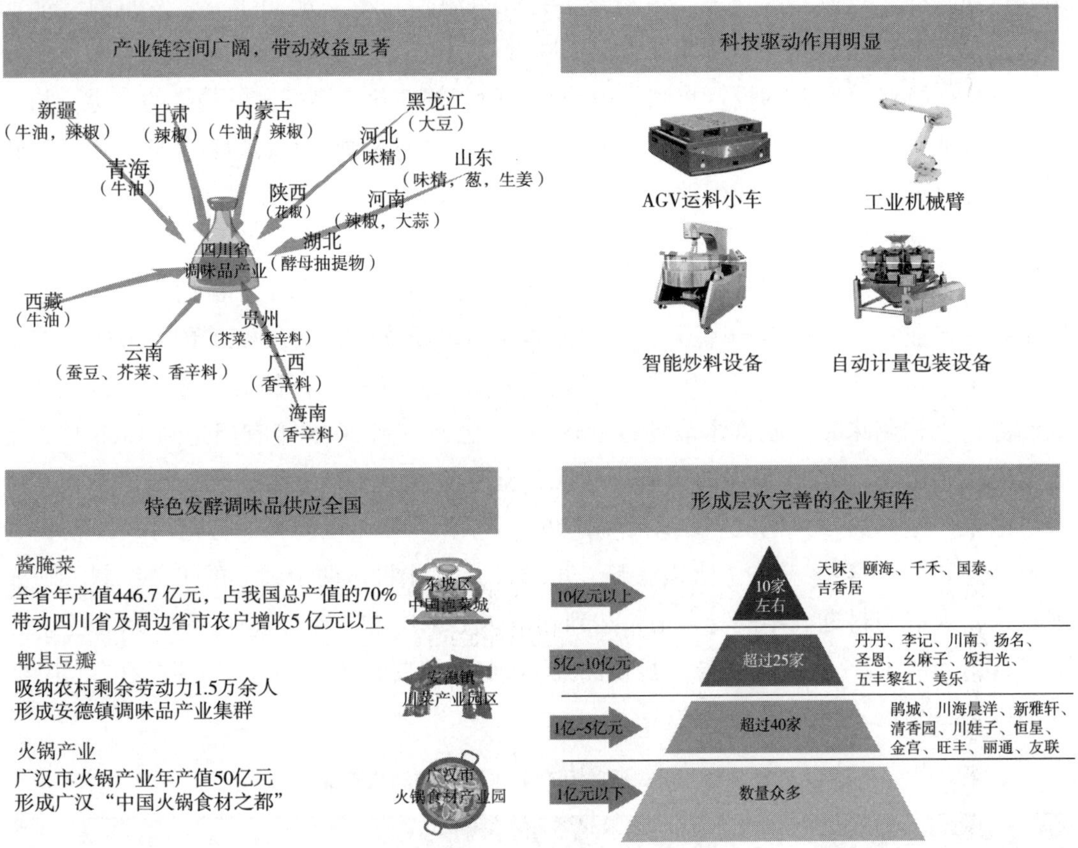

图 3-5 四川省特色调味品产业现状

目前，四川省调味品产业拥有大量规模化企业，按销售额可以划分为四个阵营。第一阵营：销售额在 10 亿元以上，10 家左右，企业主要有天味、颐海千禾、国泰、吉香居等；第二阵营：销售额在 5 亿~10 亿元，企业数量超过 25 家，主要有丹丹、李记、川南、扬名、圣恩、幺麻子等；第三阵营：销售额在 1 亿~5 亿元，企业数量超过 40 家，主要有鹃城、川海晨洋、新雅轩、清香园、川娃子等；第四阵营：销售额 1 亿元以下，企业数量众多（图 3-5）。

（一）产业链空间广阔，带动效益显著

四川省调味品加工业的纵深拓展，引导和撬动了金融及社会资本的持续投入，推动了种植业、养殖业、包装物流、机械制造、高新技术研发、农业基础设施等一、三产业的有效衔接和融合发展。调味品加工原料众多、来源广泛，供应链条遍布省内各地，还广泛辐射到云南省、贵州省、广西壮族自治区、甘肃省、青海省、新疆维吾尔自治区等地。如郫县豆瓣所用蚕豆来自云南省，辣椒来自贵州省、甘肃省、广西壮族自治区等地。

川式调味品产业的蓬勃发展和融合带动作用，推动了产供销的有序对接和产学研、农科教的有效结合。大力发展川式调味品产业，对于激活产业内的科技、人才、资金、信息等要素流动，放大农产品加工业的就业带动、聚集产业互动、扩大经济辐射效应、助力乡村振兴等具有现实意义。

（二）特色发酵调味品供应全国

改革开放以来，亿万外出谋生的四川人把川菜带到了全国，由于人口迁移带来的餐饮消费习惯的改变以及川菜本身具有的包容性、适口性和川式调味品产业易于实现标准化加工、简单化使用的特点，推动了川式调味品产业在全国乃至全球范围内的推广和传播。四川泡菜在全国占有绝对的优势，四川泡菜产值占到中国泡菜约 70%，“东坡泡菜”品牌价值高达 113.9 亿元。截至 2021 年，四川省共有泡菜生产企业 450 余家，年产值约 446.7 亿元，眉山市现已建成全国最大的泡菜生产基地。全省年加工新鲜蔬菜超千万吨，带动四川省本地及周边省市农户增收超过 5 亿元，带动示范效应显著。郫县豆瓣作为川菜、火锅底料、回锅肉调料、麻婆豆腐调料等的主要原料，不仅在四川省本地调味品和川菜加工的企业销售量大，也销往全国各地用于复合调味品加工，年产值达 200 亿元，产业的持续发展带动了食品包装、运输、竹编等相关产业的加速发展，吸纳了农村剩余劳动力 1.5 万余人。

但是，在持续发展的背后，川式调味品产业也存在一些明显的痛点：科技含量不高、创新不够导致发展略显滞后，行业规模处于瓶颈期；知名品牌较少，产品品种单一、同质化严重、质量良莠不齐导致低价竞争激烈；缺乏加工专用品种、企业与基地供需不平衡导致原料质量不稳定。这些问题在一定程度上影响着川式调味品产业的进一步发展。

（三）科技驱动作用明显

近年来，在科技创新的加持下，川式调味品产业理论、工艺和设备的提升推动了其高质量发展和传承。眉山市组建四川东坡中国泡菜产业技术研究院，重点对企业与行业迫切需求的关键技术和共性技术进行攻关。首创“稳态发酵”“盐渍菜—泡菜”理论，创新“泡菜生产高效节水技术”“直投式功能菌”和“自控连续式发酵装备”，多项科技成果达到国内或国际领先水平。主导制定的泡菜国际标准 ISO 24220《泡菜（盐渍发酵蔬菜）规范和实验方法》成为我国在 ISO 框架下制定的第六个食品标准。川式调味品产品在创新过程中以风味为核心，以特色菜肴为目标，在追求川式风味的基础上，充分迎合市场需求，呈现出追求自然、继承传统、区域特色和健康发展的演变趋势。产品的创新也意味着研发技术和专用加工装备的创新与发展，从最初的关键风味物质的鉴别发展到风味特征图谱的识别与构建、风味形成机制的识别与确认，从最初的风味再现到根据不同的使用场景选择性呈现、选择性增强和选择性替代，风味调配技术在持续进步与发展，从热风干燥、普通灭菌技术、真空干燥技术到微波处理技术、新型杀菌技术、热反应增香技术、自动炒制技术、全自动微量包装技术等现代食品高新技术工艺的应用，推动川式调味品加工技术从规模化到自动化、智能化的发展。目前，四川省复合调味品自动炒料、无人化调味品工厂等火锅底料、酱腌菜专用机械制造达到国内领先水平。

五、其他产业

（一）茶产业

云南、四川、贵州是我国19个主要产茶省（直辖市、地区）中茶叶种植面积排名前三的省份，三省的茶叶产量占我国茶叶总产量的40%以上。四川省以国家茶产业集群为核心区，建设川西南名优绿茶产业带、川东北优质富硒茶产业带和茉莉花茶集中发展区、川红工夫红茶集中发展区“两带两区”，示范引领四川省茶产业发展。据四川省农业农村厅数据，2022年，四川省茶产业综合产值达到1080亿元，茶农人均茶产业收入超过5000元。茶成为继川猪、川粮油、川菜、川果、川牛羊之后，又一产值突破千亿元大关的“川字号”优势特色农业产业。

四川省作为国内产茶大省之一，茶叶产量比肩云南省、贵州省（表3-5），知名度却不及福建、浙江等省份，产品结构不合理、精制加工水平偏低、市场竞争力差、生产管理粗放等问题阻碍了四川省茶产业（以下简称“川茶产业”）的高质量发展。目前，川茶产业总产值已达到一定规模，但茶叶单位面积产值和单位面积产量与福建、浙江等头部省份相比，由产量带来的优势正在逐渐丧失。

表3-5　中国优势茶产业地区情况统计

	福建省	云南省	四川省	贵州省	湖北省	湖南省	浙江省	安徽省
产量/万t	48.8	50.2	**37.5**	24.6	40.4	25.9	18.1	13.7
种植面积/万亩	348.3	756.9	**607.2**	708.3	553.7	305	309.3	307.5
单位面积产量/（kg/亩）	140.1	66.3	**61.75**	34.7	72.9	84.9	58.5	44.6
毛茶产值/亿元	298	202	**335**	415	220	252	259	176
单位面积产值/（元/亩）	8550	2668	**5517**	5859	3973	8262	8373	5723
全产业链产值/亿元	1400	1071	**1000**	606	715	1012	1090	615

注：数据来源——中国茶叶流通协会。

目前绿茶仍是四川茶叶主要生产品种，占四川茶叶总产量的 84.03%，处于绝对主导地位。从出口的数据来看，四川茶叶的出口量常年居全国第 6~9 位（图 3-6）。多年来，四川茶叶整体知名度不高，出口多为原料性产品和大宗散装茶，加工简单、技术含量和附加值低，只能获取微薄的加工费，导致出口茶叶在国际市场上的影响力和竞争力远远不足。

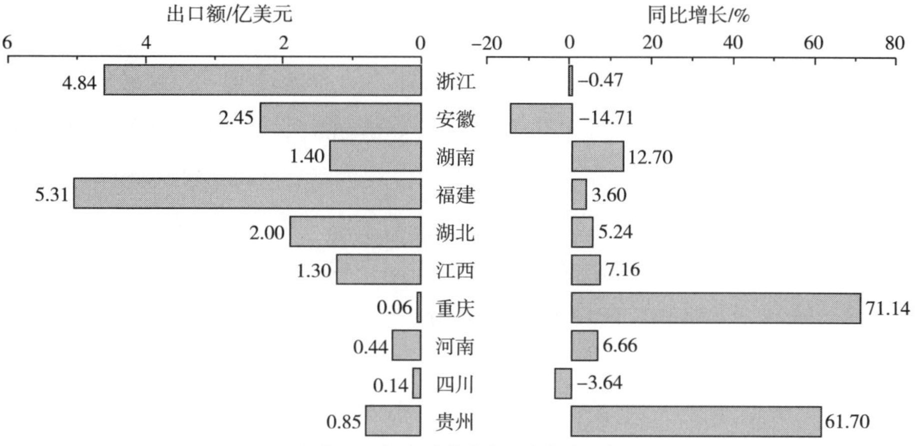

（1）2021年主要茶叶出口省份出口额

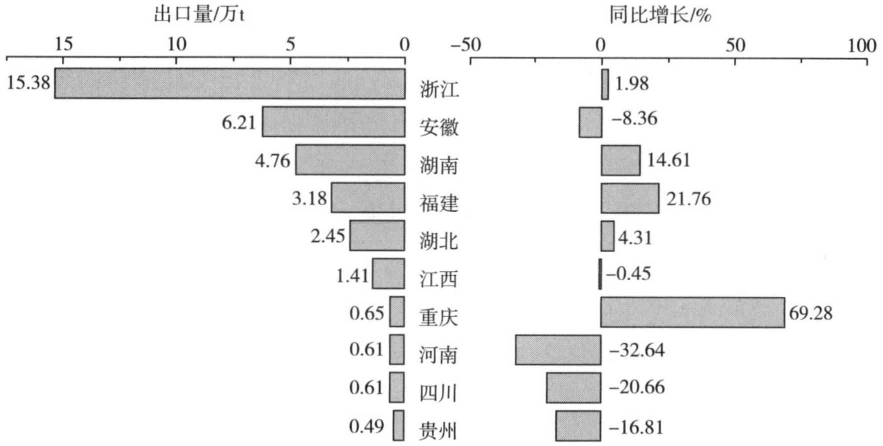

（2）2021年主要茶叶出口省份出口量

图 3-6　2021 年中国主要茶叶出口额与出口量情况

随着国内外茶叶贸易竞争趋于激烈，四川茶叶产业面临着愈发严峻的发展态势。在国内外市场需求的指引下，加强茶园栽培管理、调整产品结构、提高精制茶加工水平、解决农残及重金属超标准等“瓶颈”问题，加大力气从品种、设备、工艺、产品等技术创新，才能从根本上提升四川茶叶的市场美誉度，谋求四川省从茶叶大省到茶叶强省的飞跃。

（二）水果产业

2021 年，四川省水果种植面积已达 1256 万亩，产量 1153 万 t，四川省水果产地初加工率达 62%。初步形成盆地晚熟柑橘、攀西晚熟芒果等产业带，优质甜樱桃、梨、李、桃、枇杷等特色水果生产区，攀西、川南、川中北三大蚕桑产业带，以及攀西、秦巴山、川西高山峡谷三大核桃集中发展区。

水果产业是四川省非常重要的产业，但与广西壮族自治区、广东省、山东省等水果发展好的地方相比，还有比较显著的差距。主要表现在以下几个方面。

1. 品种丰富，但同质化发展现象严重

四川省地势立体，水果品类丰富，但大部分地区的乡村山水相连、环境相似，地域特色不够鲜明，资源禀赋极为相近，虽有部分特色品种，但产量较低，规模较小，仍需大量购进省外或国外的水果品类，以丰富和补充本地水果市场的水果供应，如四川省每年消费的落叶果树果品，包括苹果、梨、枣、柿等主要来自北方产区，而荔枝、柑橘、蜜柚、香蕉等常主要来自南方果区。每年四川省还要进口大量的新西兰猕猴桃，南美的甜樱桃等。再加之果农信息封闭，跟风种植，以致果品品类结构雷同。有些市、县区选择3个及以上主导果品产业，造成产业优势不突出，区域内无序竞争严重，果园果农“丰产不增收”现象严重。

2. 核心竞争力较弱，亟待全产业链布局

在四川省大部分地区仍然采取一家一户的小农生产方式，种植、收购、分选、加工、销售被人为割裂，产业链关联性很低，导致在全国各地的大型水果批发市场上四川省水果的市场占有率很低，仅有青红脆李、芒果、柠檬、水蜜桃、巨峰葡萄、柑橘等单品，且量不大，影响了批发商批发川果的信心。同时，由于缺少具备高度整合水果资源能力的大型水果流通企业来统筹、调拨和协调市场供应，整合市场信息，导致川果只能以“分散、零碎”的方式进入全国市场，加之果品的运输、包装没有统一的筹划，目标客户对水果糖度、色泽、大小等关键指标的要求不清晰，导致四川果品逐渐丧失了议价权。

3. 加工基础研究落后，商品化处理率低

长期以来，四川省果品以鲜食为主，水果加工企业很少，相应的果品加工基础研究落后。在加工方面，仍以传统的腌制、干制加工为主，科技含量低，加工品质不高，附加值低。采前田间管理技术、采后分级包装技术、冷链物流等四川果品产业提质增效的重要环节亟待增强。特别是在全国市场占优势的晚熟柑橘品种，早熟桃、早熟梨优良品种，葡萄特色品种、早熟白肉枇杷品种晚熟芒果品种等优质品种培育成功，却仅限于小规模加工，小规模外销，没有统一管理生产、统一包装，也没做好产品质量等级划分和品牌打造，这就导致了四川果品的包装规格、质量不一，品牌商标混乱，难以形成高标准、高质量的水果品牌。

此外，四川省水果种植大部分地处丘陵山地，规模较小，管理粗放，机械化和种植水平低，由此造成的品种老化、早衰低产、品质较差和劳动力成本高等问题，使水果产品缺乏市场竞争力。

近年来，为了破解四川果品外销供货难题，通过开展“川果全国行”活动、加大四川果品标准化体系建设、培育大型水果流通企业、生产合作社等举措，大力拓展川果市场，提高川果产品知名度。从四川省层面来看，四川省近些年不再提倡规模面积大量增加，而是“稳面积、提质量、增效益”，推进产业供给侧结构性改革，以促进川果产业高质量发展。

（三）乳制品产业

进入“十四五”期间以来，四川省乳制品产量进一步加速增长，规模和生产水平有所提高，消费日益恢复，乳制品质量持续提升，产业实力进一步增强，四川省液体乳年产量约 103.89 万 t，约为全国乳制品产量的 3%。其中新希望乳业进入乳制品前 20 行列，2021 年营收 89.67 亿元；菊乐乳业 2021 年营收 14.21 亿元；成都伊利乳业有限公司年产值约 20 亿元；四川省蒙牛乳业（眉山有限公司）年产值预计 8 亿元；杨森乳业年产值约 10 亿元；雪宝乳业年产值约 8 亿元；熊猫乳业年产值约 9 亿元。四川省乳制品年产值能达到 180 亿元。下一步，四川省将从建设优质乳源基地，开展乳业数字化平台建设，完善乳品加工和流通体系，加大引导乳制品消费，强化乳品质量安全监管四大方面发力，不断提高乳业发展质量效益和竞争力，大力推进四川省乳业现代化。

（四）包装饮用水产业

四川省作为长江上游重要生态屏障和水源涵养地，是全国水资源最丰富的省份之一，富含钙、锶、钾、钠、镁等多种天然微量元素，发展包装饮用水产业具有得天独厚的优势，现已开发符合国家饮用天然矿泉水标准的天然矿泉水标准的水源地 97 处。2021 年，我国包装饮用水产量达到 7816 万 t，四川省产量 1350 万 t，占全国总产量的 15% 左右，居全国第二；四川省规模以上包装饮用水企业 70 余户，实现营业收入 110.2 亿元，利润 12.5 亿元，产业发展势头良好。产业上，蓝剑、蓝光等龙头企业不断带动，海螺沟、达古冰川等一批具有地方特色的包装饮用水中小企业总量规模不断扩大，农夫山泉、怡宝等企业也陆续在四川省投资建厂。目前，四川省包装饮用水企业共有中国驰名商标 2 个，四川省著名商标 4 个，四川省名牌产品 12 个。其中，百夫长、古谷还进入了阿曼、新加坡等海外市场。

但是，四川省包装饮用水产业仍面临企业规模普遍偏小、品牌影响力参差不齐、产业融合发展水平不高等问题。下一步，四川省将继续加强市场主体培育，着力打造川水品牌，深化拓展市场空间，强化质量标准建设等，将川水资源优势转化为竞争优势，做大做强川水产业。

经过以上分析，可以看出，白酒、特色调味品、肉制品和粮油产业经过多年成长，在总量规模、体系结构、科技实力等方面积累了较好的发展基础，在四川省食品制造产业链中具有带动效应强、品牌影响力大、市场占有率高等特点，这些四川省食品制造领域既具优势又有特色的门类，对四川省食品制造业的升级具有重要的引领作用。

第四章

四川省特色优势食品制造业创新要素和路径分析

第一节 特色优势食品制造业升级的关键创新要素分析

一、四川省特色优势食品制造业转型升级的核心内涵

消费的提振、技术的革新和发展变化的内外环境正催生出“安全、营养、方便、美味”的产品需求和“智能、节约、环保、可持续”的产业需求。近年来，四川省食品工业规模效益大幅提升，已在全国位居前列，但总体还正处于机械化、自动化向数字化迈进的初期，距离全面的数字化、智能化、品牌化的高端制造尚有较大差距。未来，四川省食品制造业的转型升级，其核心将是全产业资源的加速整合，制造能效的跨越式进步和向价值链高端环节的大规模拓展。食品制造业将以特色优势食品为突破口，基于多学科交叉创新、智能制造、现代运营管理和新兴市场需求，瞄准关键技术及装备突破、配方和功能定制设计、精准柔性生产、实时高效品控与检测、品牌运营和文旅加持等方向，形成与产业需求相适应的创新链条和技术转化应用模式，实现技术革新、绿色可持续和融合化发展，满足广大居民对食品高品质、特色化、多样化的需求，大力提升企业经营效益和核心竞争力，驱动产业优势的进一步凸显、驱动效应的提升和全面的高质量发展。

二、四川省特色优势食品制造业转型升级的核心要素

马克思指出：劳动过程的简单要素包括有目的的活动或劳动本身、劳动对象和劳动资料。现代食品制造业体系作为典型的劳动社会化产物，其发展也离不开劳动者、劳动资料和劳动对象三大基本要素，而这三大基本要素，根据作用方式和性质的不同，又可以分为诸多细分要素（图 4-1），这些细分要素在所处行业的占比和组织方式，决定了各基本要素结构的优劣。与社会发展水平相匹配的要素结构，能够推动社会生产力的大幅提升，在经济发展中扮演着关键的角色。而所谓核心创新要素，就是指在一定时期内组织水平相对高、供给较为稀缺，且对生产力水平提升带动明显的细分要素及创造这些细分要素的资源。

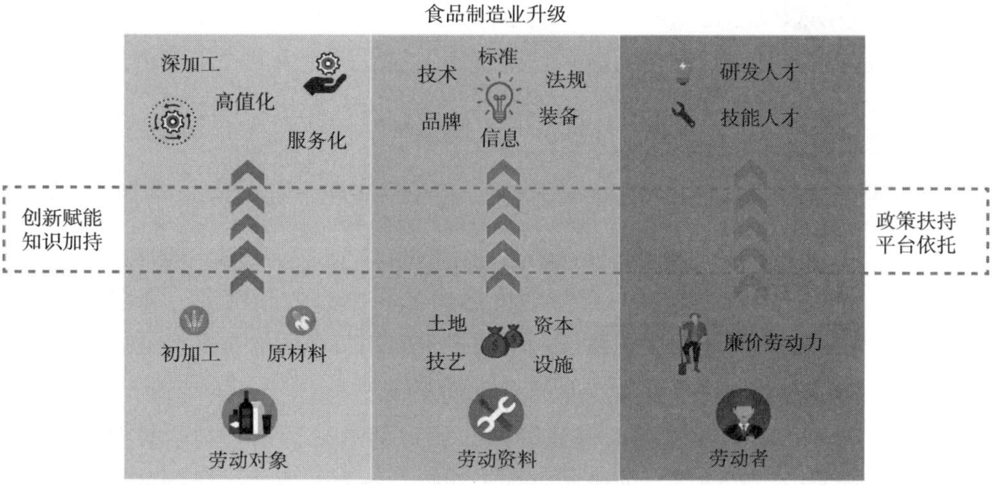

图 4-1　食品制造业的基本要素

随着我国经济社会的发展和国际形势的变化，劳动力增长放缓，土地供应不断收紧，节能减排约束增强，依靠低端要素投入的传统制造业发展模式已不可持续。因此，从要素的角度出发，食品制造业的升级，就是通过制造水平提升和制度进步，充分发挥核心创新要素的带动作用，不断推动劳动对象、劳动资料和劳动者三大要素与社会发展相适应，实现生产要素水平的高级化和结构的优化，达到提高生产力，改善行业整体质量效益的目标。

食品制造的升级过程伴随着经营模式和产业理念的深刻变化，因此对生产关键要素、质量和组织形式也提出了全新的要求。总体来看，科学技术、市场需求、基础设施、产业人才、资金支持和标准法规是当前以智能化、精准化、绿色化为主要特征的食品制造业升级中的核心创新要素，这些要素通过推动质量和效率的进步，扶持科技创新，不断淘汰落后产能，为全新的产业组织和生产方式提供了发展壮大的机会，大大加快了产业发展速度，冲抵了人口红利下降、能源环境危机、贸易冲突等社会问题造成的负面影响，使产业在不断变化的社会环境中保持良性健康发展。

四川省特色优势食品制造产业近年来虽然获得了明显的发展，但在助力产业升级的诸多核心要素的获取上仍存在一些现实障碍，要素配置和发展仍存在短板，制约了企业创新、产业升级和区域经济发展，亟须突破惯有思维、学科界限和固有发展模式，以寻求全新的解决方案。

（一）产业技术：食品制造升级的内驱力量

科学技术作为制造业发展的立足之本，是制造业升级的内驱力量和直接体现。在食品加工传统技艺已无法满足当下需求的背景下，科学技术通过对产业面貌快速而直接的改造，为食品产业发展开辟道路。科技手段的进步能够助力食品产业提质增效，不仅使越来越多的产品创意概念得以实现，不断丰富食品的种类和功能，生产出高附加值的产品，还可突破食品产业当前存在的诸多发展瓶颈，引发产业内的技术革命，大大加快产业发展的速度。没有科技手段的依托，食品制造的升级就如空中楼阁，无从落地。因此，食品产业制造升级必须牢牢把握科学技术这一要素的核心地位。

四川省食品制造业中小微企业数量众多，细分产业缺乏领军企业和龙头示范企业，技术创新观念淡薄，导致以技术进步为主要动力的新技术、新产业、新业态、新模式比重不高。要凝聚新一代先进技术，在传承传统技艺和优势的基础上，加快技术改造更新，进一步探索和创新科学发展的路子，不断提升四川特色优势食品产业技术水平和品牌价值，实现四川省特色优势食品产业的高质量发展。

（1）建立特色优势食品制造业信息学新兴领域的培育计划，利用数据科学、软件工具和系统模型的应用和集成，促进新兴技术在食品制造业研究领域的开发与应用，实现跨学科研究与系统方法的突破，提高整个食品制造系统的效率、适应力和可持续性。

（2）利用现有传感技术，开发新型的机器人视觉、触觉、距离觉等传感技术和传感器及其验证系统，实现食品制造中修整、分拣、切分、配料识别、计量、输送等关键环节的高灵敏、高精度、高效率操作，实现关键工序智能化和关键岗位机器人生产的标准化控制，最终实现新型传感技术在食品制造业的突破。

（3）根据市场需求分析，借助加工技术、包装技术、食品组学技术等方面的优化和改进，采用系统的数据分析和数据集成来改进产品研发决策，以最大限度提高食品的完整性、质量、安全性和可追溯性，高效低成本地提高产品质量、保存营养，增强安全性和消费者吸引力，降低环境影响和减少食物浪费。

（4）以食品制造数据服务为中心，从食品智能设计、生产智能管理控制等方面着手，重点突破智能化装备在杀菌、冷藏（冷冻）、提取分离等关键操作单元的应用和食品数字化设计与制造，最终实现川式调味品预制菜、川酒、川粮油、川肉制品等领域的关键共性技术突破和智能化升级。

（5）全力构建食品质量安全智能化监管、实施追溯、风险预警与控制体系，搭建集日常监测、快速筛查、风险验证、舆情评价、大数据分析、预警交流、监管反馈于一体的食品安全智慧监测一体化服务模型，加强消费者对食品生产、加工和安全处理等相关创新的理解和接受程度。

（二）市场需求：食品制造升级的外驱动能

产业技术的迭代往往间接反映了社会需求结构的变化。一方面，消费需求能够为技术进步指明方向，需求的变化不断对食品产业提出新的要求，促使产业技术持续创新，在关键领域寻求高效、低价的解决方案。另一方面，现代食品产业运营通过其敏感的市场捕捉能力，快速锁定潜在需求，整合行业资源，快速淘汰落后产能，催生出新兴的市场和赛道，将食品制造送入更高轨道。

（三）公共平台：食品制造升级的重要基础

四川省特色优势食品制造业的转型升级需要与之相配套的完善基础设施。要打造产学研深度融合的创新体系，建设一批高水平的产业技术基础公共服务平台、试验检测类公共服务平台，强化共性技术供给、关键技术研发与转化，提升试验验证、检验检疫、认证认可、知识产权、标准等技术基础支撑能力，形成重点地区引领、领军企业牵头、高校和科研院所协同推进的新局面。

（四）投资补助：食品产业制造升级的关键支撑

食品产业制造升级是一项系统性的宏大工程，产业升级中投资巨大，回报周期长，产业主体往往面临着资金短缺的问题，这成为产业升级过程中的难点和痛点。因此，合理的资金支持，是食品产业制造升级的关键支撑。强化政策引领，出台扶持传统产业技术改造的政策体系，适度增加财政投入，创新财政资金支持方式。一方面，通过税费减免和财政、金融支持，不仅能够有效纾解企业研发技改中面临的资金困难，激发了企业的技术创新的积极性，有效调动企业在制造升级中的主动性；另一方面，通过引导健康开放的资本市场，简化上市程序、降低融资成本，服务实体经济，为原创技术和初创公司提供生存发展的资金，推动制造业资源整合和做大做强，打造公平的技术竞争环境，为食品制造业的升级注入“资本”活力。

（五）产业人才：食品制造升级的必备资源

人才是产业发展中最活跃的生产要素，是食品产业技术进步的直接源泉。随着科技在产业发展中地位的提升，人才已成为一种重要的战略资源。理论基础扎实的科技型人才，能不断突破产业技术难点痛点，为技术的开拓创新注入活力。业务技艺精湛的技能型人才，可联通产研，推动顶层技术的应用转化，引领先进生产方式的落地。因此，一支规模宏大、素质优秀、结构合理的人才队伍，将极大加快产业技术开发、转化、精进的生命周期，为食品制造的升级提供重要支撑。

由于产业基础和地区发展水平的制约，四川省食品制造业部分细分产业尚存在引人留人困难的问题。要做实人才保障，提升产业发展活力，加强特色食品产业领域紧缺急需的理论基础扎实的科技型人才、业务技艺精湛的技能型人才、高层次经营管理人才的引育力度，多方面制定专项扶持政策，增强特色优势食品制造产业对人才的吸引力。

（六）标准法规：食品制造升级的“护航使者”

完善、科学的标准和法规是现代制造业体系的重要组成部分，反映了产业发展水平的高低和竞争力的强弱。现代化的标准体系，集中凝练了食品产业技术创新和行业融通互助的成果，不仅为产业设立了合理的门槛，有利于加速落后生产方式的淘汰，让技术进步的优势得以凸显，加速向产业链制高点冲刺的进程，还加强了广大从业者的合作意识，助力行业的整体有序发展。健全的法律法规，有助于充分发挥监管对产业规范的作用，引导产业的健康发展，一方面通过规范竞争方式，及时阻止侵权行为，保护自主技术创新成果，维护技术创新主体的合法权利；另一方面通过优化分配制度，让食品产业创新的活力充分迸发。

（七）优质品牌：食品制造升级的增效利器

良好的品牌建立在优质的产品与服务之上，并通过精准地宣传和科学的运营为产品与服务提供价值背书。首先，优质品牌使企业在消费者心中树立良好的形象，可有效加固竞争壁垒，提升产品的溢价能力，成为竞争者难以模仿的核心优势。其次，良好的品牌还能成为产业宣传的工具，打破地域限制，使企业在更大范围的市场空间获利，促进食品制造业的国际化进程。再次，由于食品制造业的低门槛和技术的趋同性，在升级过程中领域内企业的技术差距将逐渐缩小，这使品牌带来的价值提升效应成为带动食品制造业盈利的稀缺要素，相较于技术创新能在更短的时间内提升产业能级。因此，优质品牌体系的形成既是食品制造业升级成功的直观体现，也是升级可持续的必然要求和升级进程中的重点发展方向。要充分认识到品牌建设在食品制造升级中的重要地位，将品牌作为食品制造升级中关键的创新要素，有效促进食品制造业升级中效益的同步提升，助力企业良性发展。

三、四川省特色优势食品制造业转型升级的关键要素分析

（一）优质白酒创新要素分析

1. 工艺创新

四川省优质白酒产业经过多年发展，酿酒技术水平整体得到了明显的提高，在机械化制曲、蒸馏、废弃物处理等方面均取得很大进展。但由于白酒传统发酵一般采用固态或半固态发酵工艺，存在固态发酵机制不清、酿酒数据把控不准、风味口感和品质不稳定、环境污染大等问题。白酒酿造整体上机械化、自动化水平发展较慢，在一定程度上制约了白酒产业化、规模化、标准化高质量发展。因此，白酒产业急需推进白酒酿造核心技术提升，以数字化、自动化、智能化的手段，实现对酿造过程参数的精准采集、动态评估，以数字化的方式明确定义川酒酿造技艺、蒸馏理论等创新发展方向，将基于酿造技艺的经验传承转化为基于数据的科学传承，加强技术标准统一，促进白酒酿造水平提高。

2. 酿酒装备创新

目前，以柔性加工、数字集成、感知物联网和智能控制为核心的酿造食品工业机器人、智能制造加工系统和智慧工厂已经成为白酒企业的创新发展重点。行业应重点创新自主成套装备，实现在线可检可控的智能化装备的广泛应用，为高品质白酒的生产提供保障。

3. 白酒产品创新（新生代白酒等）

作为浓香型白酒的典型代表，四川省优质白酒产业应针对新时代消费习惯，研发低度化、时尚化、个性化、国际化的新生代白酒，积极推广宣传浓香型白酒文化，提升白酒企业新生代酒类创新能力，促进白酒产品的升级发展。

4. 产业链创新

巩固浓香型白酒优势地位，稳步提升酱香型白酒产能。在坚守优良环境质量前提下，支持名优白酒企业持续提升纯粮固态酿造能力。支持与白酒产业相关的配套产业项目，在土地供给、环评审批、要素配置等方面加大保障力度，酿酒专用粮基地建设，扩大生产规模、调优品种结构、提升储备能力，形成原料基地与加工企业相互促进的良性循环机制；挖掘白酒产业文化旅游价值，打造特色酒旅融合示范高地，强化促进白酒产业链一、二、三产业融合发展。

5. 重视品牌建设

在白酒行业加速分化的背景下，应重视产业原有的品牌优势，以此引领行业加快转型升级步伐。深度发掘川酒独特的生态环境、技艺传承和文化内涵特点，着力打造“川酒大产区”品牌，巩固浓香型产区品牌优势地位，全面展示川酒文化、品牌、技艺，持续提升川酒品牌影响力。推动原酒企业整合，打造原酒优质品牌，提升原酒市场话语权和资源控制力。

6. 推进副产物综合利用

强化重点白酒企业升级改造和酒糟综合利用，大力扶持酒糟在饲料、生物科技和农业等领域的综合利用，重点推广酒糟生产燃气、有机肥、饲料、饲料添加剂、微生物制剂，酒糟生产食醋，酒糟发电等技术。

（二）肉制品创新要素分析

1. 肉制品工艺创新

①工艺改良和创新：采用先进的加工、保藏和包装技术，同时结合添加剂和调味料的配方，创造特有的口感和品质，延长保质期，改善产品质量。②传统特色肉制品的改良：充分发掘地方特色肉制品价值，引入现代技术，开展传统食品工业化研究，优化制作工艺，采用新的腌制、熏制、烤制等工艺方法，提高产品的安全性、口感和营养价值。③食品安全：加强产品安全管理，从原料采购、生产加工、包装存储到市场销售全过程进行安全控制，提高肉制品的安全性。

2. 肉制品装备创新

①自动化装备的开发应用：利用自动化的肉制品加工装备逐渐代替手工操作，提高生产效率和产品质量，降低生产成本。②柔性化生产装备的开发：顺应消费升级对肉制品多元化、定制化的需求，开发适应多种工艺的、灵活串联、损耗较小的加工装备。③环保节能技术的应用：采用先进的技术和材料，在肉制品加工生产中注重环保和节能，

并配套动物屠宰副产物综合利用设施，减少能源的损耗和废弃物的排放。④智能化控制：智能化控制是肉制品加工装备的未来发展方向。随着人工智能技术的不断发展，智能化控制的肉制品生产将逐渐实现设备的自动监控、效率分析、故障预测和自动化调节，大大提高生产效率和质量管理水平。

3. 肉制品产品创新（精品预制菜）

①围绕消费需求变化，提高肉制品口味和形式的多样性，增强对复合味型产品的开发；注重肉制品的营养属性和健康功能，从“低脂”“减盐”“营养升级”“零添加”等方面入手，赋予肉制品健康的特性。②重点发展精分割冷鲜肉、腌腊酱卤肉制品、方便休闲肉蛋制品、冷保鲜预调理肉制品、典型川菜、预包装配餐食品等多样化深加工产品，重点优化以遂宁市、眉山市、成都市为主的畜产品加工业食品结构，提高冷鲜肉比重，鲜肉制品向小包装、精分割方向发展，预调理产品向便捷化、营养化、常温化方向发展。③扩大四川省特色畜禽产品的精深加工规模和关键技术开发推广，进一步提升其品质和竞争力。④加大动物内脏、血、皮毛、骨等副产品联产环保综合利用，发展生物制品，提高附加值。

4. 产业链创新

①强化产品链，不断发掘畜禽产品的功能属性，开展畜禽精深加工和副产物利用，开发出健康、营养的产品和性能优良的食品原料，融合健康、文旅、休闲等场景元素，提高消费者的消费体验。②延伸工艺链，加强对新技术、新原料和新装备的应用，不断改良生产工艺和产品，形成高品质肉制品特有的供应体系，带动外围产业的发展。③完善物流链，提高物流运输的质量和效率，应用物流信息化技术，建立完善的数据管理系统和智能化仓储网络，根据产品特性和需求制定合理的运输方案，降低物流成本，提高运输效率。

（三）粮油产业要素分析

1. 粮油工艺创新

①粮油精细化加工技术：针对粮油原料中的营养成分等进行提取和分离，对小杂粮、粗粮原料感官品质进行改进，以提高加工产品的质量和保健效果。②粮油产品特性改良技术的开发应用：采用新型食品添加剂或借助生物化学技术手段，改变原料中的物质结构和成分，改善粮油原料的加工性能，提高质量和品质稳定性。③传统主食产品工业化开发：借助现代工艺手段，对特色传统主食产品开展工业化、预包装化生产，提高传统特色主食的品质和食用的方便性。

2. 粮油装备创新

①粮油加工特种设备的开发，针对特色粮油食品的独有工艺，开发自动化的专用加工设备，在保证产品固有特征的基础上，改善产品营养品质和口感。②绿色智能的现代化粮油储存管理设备，通过采用绿色节能技术、搭建智能化管理平台，实现粮油产品的

实时管控，提高产品品质，减少损耗和能耗。

3. 粮油产品创新（精品预制菜等）

①聚集科研院校、推广机构、龙头企业等各方力量，加大粮油类共性关键技术研究与重大产品创制，加快系列化、多元化、营养健康粮油食品的开发及装备的研发应用，提升粮油产业科技支撑能力。②重点发展代餐谷物制品、鲜湿米面制品、方便米面制品、自热式米面制品等方便快捷型粮油食品；着力开发稳血糖大米系列、全谷物系列、功能强化系列产品等功能型粮油食品；加强专用油、特色食用油及油脂副产品综合利用的技术攻关。

4. 产业链创新

①加强优质粮油生产基地和粮食仓储基础设施建设，大力开展粮油精深加工，全力提升“加工–储存–运输”等全产业链能力。②针对加工工艺环节出品率低、储藏环节损失率高等问题开展重点研究，着力提升粮油产品的科技含量，打造从田间到餐桌的放心粮油产业链。

（四）特色调味品创新要素分析

调味品工艺升级应着力提升产品品质和生产效率，建立数字化的产品加工方案，实现传统特色调味品的定向调控发酵，开发发酵调味系列新产品，并进一步研发相匹配的原材料自动化预处理设备、自动配料系统等数字化加工设备设施，保障产品稳定性，提高生产效率。

1. 调味品工艺创新

泡菜浅发酵工艺：将传统的高盐盐渍，高盐产品转为低温短时可控发酵，结合专用菌种定向发酵，获得泡菜产品低盐、弱酸、即食、爽口、益生等优势。

川式特色发酵酱类定向精准控制发酵：豆瓣酱、豆豉、黄豆酱等川式发酵酱需针对性建立菌种资源库，定制发酵专用菌剂，探索特征风味呈味机理及发酵调控技术，研究菌群“多微共酵”与品质的关联性，建立关键控制点精准控制工艺。

构建典型川菜和调味品关键原料的感官指纹谱库、理化特征数据库和品质信息查询共享系统，完善风味重组理论，形成川菜复合调味品加工用关键原料的数字化评价标准，推动原材料采收和加工的规范化、标准化，实现川式调味品加工用原料数字化验收，保障川式调味品多样化原料的品质稳定性和安全性。

加强川菜加工工艺的工业化改造和数字化加工设备设施的集成应用，推广模块化加工体系，保障产品稳定性，提高生产效率，形成原材料自动化预处理、调味品智能可控加工等核心技术，提升企业工艺控制能力和生产安全性，实现川菜复合调味品的数字化智能化加工。

2. 调味品设备创新

连续式自控发酵装备制造升级：针对川式特色发酵调味品的工艺和产品特色开展装备升级，制造专用的发酵和配套连续加工装备，主要包括以下方面（表 4–1）。

表 4-1　调味品设备创新

主要用途	创新设备
制曲发酵	发酵酱生物反应器，清洁化圆盘制曲设备
原料处理	香辛料去皮、拣选、切分设备
加工配料	发酵酱自动罐装设备，智能化配料设备
输送保藏	半固态物料输送设备，配料中控系统，传送机械臂

制备豆瓣翻晒露发酵罐、豆豉固态发酵罐等；针对黏稠、固态且运输性能差的原料，定制输送转运链条，配套升级非液态可流动性产品的自动灌装装备。

川菜复合调味品原料预处理设备的创制。如姜、蒜、青菜、榨菜头等形态不规则原料的挑选、脱皮、除杂、切分等工序还缺乏成熟的设备；整形刀片精细化程度低、刀片使用寿命不长等难点亟待攻克。

川菜复合调味品加工自动配料系统升级创制：针对性集成自动配料系统，引进先进技术，升级自动计量装置，根据产品加工关键原料的不同形态，创制多功能的机械臂抓手、运输管道或通道；创制升级精密的称料中控系统，实现原料自动化数字化称量和输送。

3. 调味品产品创新（浅发酵泡菜、预制调味品等）

轻盐少添加、方便即食、营养健康、新潮新口味是目前调味品行业发展的趋势。根据各菜品预制调料新产品、浅发酵泡菜系列产品、二次发酵泡菜、低盐豆瓣、酱香浓郁低盐豆豉等产品是目前研究的热点和行业升级的关键。

4. 产业链创新

川式调味品产业上游需强化原料基地布局建设，通过原料监控，数字化验收等方式保证原料品质可控，保证优质香辛料、油脂等农产品的持续供应。产业链中游需积极开展新型川式调味品加工产能的布局、建设，依托龙头企业逐步升级加工设备，优化加工技术，发挥关键的引领示范作用，逐步带动中小企业规模化规范化加工。

第二节　特色优势食品制造业升级的整体路径

结合白酒、调味品、肉制品、粮油四个特色优势产业的发展现状和趋势，针对产业升级中对创新要素的需求，综合考虑各地（市、州）资源禀赋、区位条件、产业基础以及相关规划，明确各区域重点发展的核心产业和发展方向，通过科技和制度创新，保证核心创新要素的供应、汇集和再生，突破发展瓶颈，优化资源配置，助推产能聚集，激发市场主体活力动力，摆脱对传统路径的依赖，形成顺应时代潮流的新型发展路径，推动各具特色、错位发展、相互支撑的产业格局加速形成。

一、白酒产业卓越引领路径

（一）以品牌、资金要素支撑产业科学布局

以政府为主导，龙头企业和行业协会为依托，推动四川省白酒产业科学规划，引导企业明确定位，做好营销，差异竞争。加大资金投入，提升浓香型白酒及相关区域品牌的塑造和推广能力，以“中国白酒金三角”“赤水河酱香酒谷”等跨区域品牌塑造，推进长江沿岸浓香型白酒产业带、沱江沿岸优质原酒产业带、赤水河谷酱香型白酒产业带等产业集群的协同发展和携手共赢。促进白酒和文化旅游产业的融合，进一步提升白酒产业高端化水平，提升浓香白酒产业形象，打造底蕴浓厚、广受认可的浓香型白酒核心产区。

（二）以科技、人才要素引领产业质量提升

紧跟“数字定义工业”创新发展浪潮，持续加强对四川白酒产业高级化的扶持力度，重视行业关键领域科技项目、技改补贴和人才的持续投入，构建服务行业的重大公共创新平台，使四川白酒产业汇聚更多创新发展要素。重点发展具有技术引领作用的酿酒智能化装备、数字化质量管理系统和风味品质数据库，推动白酒领域重大产业技术问题攻关，实现川酒产业技术与国际前沿科技同步布局。以科技手段持续提升重点产品品质，稳步推动川酒生产的智能化、绿色化和名优酒企经营效益提升，巩固四川白酒竞争优势。

（三）以市场要素带动产业格局拓展

不断拓展川酒发展空间，加强对新兴消费需求的创造、引领和把握，提高拓展国内市场的主动性。泸州产区依托赤水河流域酱香酒谷，做优酱香型川酒，助力形成四川白酒“浓酱双优”的产业格局。积极响应“一带一路”国家倡议，加快开放合作，以打造世界优质白酒产业集群为牵引，加强与国际酒类产业的沟通交流；坚持“走出去寻新机，请进来谋发展”的开放合作原则，支持国内外先进企业落地发展，培养四川白酒企业全球视野，探索国际市场，为白酒产业提供新的增长点。

二、调味品产业突破超越路径

（一）以市场要素推进研发模式革新

聚焦泡菜、豆瓣、藤椒油、火锅底料等特色优势品类的拓展创新，加强针对细分市

场和新兴领域的创新产品研发，强化研发过程中与消费者的互动，形成川式调味品企业与川式调味品市场融合驱动川式调味品产品创新与技术攻关协同发展新模式。建立行业性的川式调味品新产品创新中心，为行业提供市场和消费信息服务，以此指导川式调味品产业新产品的开发和应用推广。

（二）以科技、人才要素赋能产业增效

发挥重大项目在川式调味品核心关键技术原始创新方面的带动作用，持续投入筑牢基础、寻求突破，开展从基础前沿、关键共性技术到应用示范全链条的产学研联合科技攻关，主攻经典川菜及原料“色香味型”标准化评价和工业还原、原料与生产品控数字化技术、川式调味品风味菌群定向调控发酵、调味品智能化配料等“卡脖子”领域，推动互联网、物联网、大数据、云计算等新一代信息技术和新一批“智能工厂”在川式调味品产业的集成创新与应用示范，形成一批具有自主知识产权的行业共性关键技术。在实现核心技术原始创新的基础上，开发与产业需求高度适配的数字化技术与拳头产品并实现应用示范，提高川式调味品产业专业化程度，争取使调味品领域的技术水平达到国际领先。支持具有科技人才、科技投入和研发设施完备的龙头企业自建或与高等院校、科研院所合办技术研发机构，充分调动“产学研用”各方创新力量。

（三）以品牌要素带动业务领域更新拓展

地方政府充分利用现有品牌基础，引导“郫县豆瓣”“眉山泡菜”等知名公共品牌和地理标志产品的多场景应用，以此强化预制菜和复合调味品的“四川特色”，助力传统调味品知名品牌在新兴领域影响力的拓展。

三、粮油、肉制品产业补短强基路径

（一）以资金要素加快市场主体培育

加大对具有引领带动作用的龙头企业、位于产业链关键环节的重点精深加工企业和成长性小微优势企业的扶持力度，落实财政和金融优惠政策，鼓励企业找准定位，开展精准推介和定向提升，积极探索模式创新，补齐规模经济发展滞后的短板。以强化主业、培育核心竞争力为重点，加快推进企业联合重组，实现企业跨区域、跨行业、跨所有制的兼并联合，引导企业做大做强，使资源要素向发展潜力强、管理水平较高的优势企业聚集。加大对外开放力度，围绕粮油、肉制品加工全产业链，实施招强引优工程，着力培育或引进食品原辅料（添加剂）、包装包材、机械设备、文化创意等“强链、补链、延链”型的大型企业集团、行业领军企业，推动产业链向中高端延伸。

（二）以科技要素带动产业能效提升

以粮油、肉制品领域细分行业龙头企业为主体，整合科技力量，全面梳理产业当前的理论和技术现状、发展趋势，明确需要优先和重点突破的短板和关键环节，开展技术

攻关与联合研发。依托国家重点研发计划、重大工程研发任务的支持，加快系列化、多元化、营养健康粮油精深加工产品的开发及现代化装备的研发应用。

（三）以市场要素促进产品创新

抢抓预制菜产业发展风口，针对新兴消费需求和应用场景，鼓励开发直击大众消费需求的深加工产品。以代餐、鲜湿米面、自热和传统粮油肉工业化等为方向，开发方便型粮油食品，以低脂控糖、全谷物、功能强化、植物基为方向，开发健康化食品，同时注重口味和形式的革新，打造科技含量高、市场反响好、具备行业影响力的亿元级“大单品”。

第五章

四川省特色优势食品制造业升级的对策和建议

第一节 特色优势食品制造业升级的关键措施

一、加强科技引领，提升技术能力

科技是产业升级发展中最具决定性作用的要素。因此，必须紧抓新一代技术革命机遇，将科技创新置于推动产业发展的首要地位，面向产业需求，坚持独立自主，突破特色优势食品生产经营中的技术瓶颈，追赶食品科技前沿，抢占食品技术创新高地，促成科技这一核心要素在食品制造业升级进程中的持续供给，强化特色优势食品产业在全国的技术优势和竞争力。

（一）大力引育各类产业科技人才

落实人才认定和补助政策，建立完善的人才培养体系和院士工作站、博士后流动站、产业技术创新联盟和产学研示范基地等技术创新组织，打造专业门类齐全、层次完善的专家队伍和人才体系，为技术创新引领产业升级提供要素支持。

（二）积极参与国家重大科技项目攻关和布局

依托科教资源，与国内外顶尖科研团体开展深入合作，介入重大科学研究和技术攻关课题，加强特色优势食品产业关键性、基础性问题的研究，为构建面向未来的产业技术体系提供有力支撑。强化四川省食品相关领域的学科建设，向上争取资金和政策支持，促成高水平的食品、农业、生物发酵机构落地四川。

（三）引导企业重视技术，加强研发技改

深化校企、院企合作，开展协同创新、成果转化和应用示范，持续推出实用技术，开发优质产品，加强知识产权布局保护。鼓励企业增加研发投入，引入先进软硬件设施，提高研发生产效率，主动融入产业升级潮流，形成一批高新技术企业、专精特新“小巨人”企业和“单项冠军”，以产业科技进步带动盈利增长和竞争力提升。

二、挖掘特色资源，延伸产业链条

四川省农产品加工开发潜力巨大，关系到广大农业从业者的生活水平，因此必须利用好丰富优质的农产品资源，加快科技、人才、品牌、资金等要素向农产品加工产业汇聚，以创新要素的加持克服农业产业的弱质性。通过渠道拓展和创新性产品的开发，创造新需求，开拓新市场，助力特色食品融入现代消费场景，构建本土优势充分彰显、本土品牌引领主导、本土企业深度参与的农产品加工产业链条，实现农业产业的现代化发展，助力食品产业规模的持续增长。

（一）做好农业资源挖掘利用

利用好四川省优势特色农产品和饮食文化资源，推进传统名吃的工业化，大力开展产品品质标准化研究和加工技术现代化改造，将“小菜小食”打造成新兴大产业；针对土特产产业化，利用特色优势农产品，以绿色、营养、健康理念为引导，增品种、提品质、创品牌，发展精深加工产能，提升终端产品比重，创造出符合当代消费需求的产品体系，多方面支撑“大单品”打造；合理利用资源，开展农产品加工废料和副产物综合利用研究，探索建立循环发展模式，降低环境污染和资源浪费。

（二）完善与特色资源配套的产业体系

高标准推进现代农业园区建设，为特色优势食品产业提供优质原料，使特色资源优势得到充分发挥，建立从农田到餐桌的全产业链运营模式；建设完善贮藏、保鲜、烘干、包装等农产品初加工设施，扶持农业生产主体发展产地初加工；继续培育、引入规模化、现代化的农产品加工企业发挥带动效应；发展生物发酵、装备制造、仓储物流等面向现代消费需求的农产品配套加工服务业，激励农产品加工企业发展下游产能，助推农产品加工融入现代制造业产业发展体系，实现餐饮、预制菜、复合调味品、健康食品等产业协同促农。

三、优化组织运营，增强行业影响

食品制造业的升级发展有赖于更加高效的产业组织形式和推广能力，在一定区域内，不同类型的食品产业资源科学配置和聚集，可形成相互支撑促进的良性产业生态，从而凸显规模效应，避免低效重复建设造成的资源浪费，为催生优质品牌，对接新兴市场开辟空间。

（一）提升品牌质量和管理水平

持续开展品牌顶层战略规划，合并位置临近、产品趋同、定位相似地理标志产品和区域公共品牌推介体系，在更大范围整合农产品种植、加工资源，突出具有差异化优势的区域特色，形成辨识度高、优势性强、带动能力足的区域特色“母品牌”。提高公共品牌准入标准和品牌辨识度，优化品牌形象，打造高价值的区域公共品牌和优质园区品牌。助力企业品牌建设，鼓励企业开展“三品一标”“天府名品”等认证，争创国家、省市政府质量奖，培育和包装全国知名“川字号”特色食品品牌矩阵。

（二）鼓励食品制造企业提升运营水平

拓展市场影响力和输出渠道，使用好“互联网+”运营模式，开展跨界营销和线上线下渠道融合，使用农村电商、新媒体、展会（附录4）等多种方式开展推广工作。积极推动特色优势食品产业的交流合作，引入国内外先进经营管理经验，提高企业运营效率。加快全球化布局，开拓国际市场，扩大产业影响力，成为我国食品产业的优质代言者。发展定制化、服务化、体验化的新型业务形态，丰富产品文化内涵，提升消费体验，推动特色优势食品产业与旅游文化、餐饮服务、医疗康养等产业协同发展，形成特色优势食品产业生态。

（三）打造承载力强、配套完善、服务良好的产业园区品牌

完善食品产业园区的水电气热交通等要素配套，支持“一园多区”“一区多园”等灵活发展模式，增强园区承载能力，提高园区发展质量；搭建园区和企业间的互动交流平台，提高园区资源配置效率和管理服务水平，推动政务服务和执法监管力量下沉，实现企业入驻易、建设投产快、办事效率高；开展基于产业链扩链补链的“精准招商”，不仅要引导分散的食品加工企业入园发展，还要注重引育优质企业，提高规模以上企业的数量；深度融入成渝地区双城经济圈，加强与西部地区重要产业组团的协同合作，发挥比较优势，形成具有辐射力和带动力的特色优势食品产业集群。

四、丰富公共资源，加强产业服务

创新要素资源短缺是食品制造业长期存在的问题，尤其是从事农产品加工的中小企业，面对生产经营中的技术难点、运营痛点和法律困扰，常缺乏便利经济的求助渠道和有效的解决措施，面对食品制造业升级的趋势，这种矛盾将更加突出。因此，普惠性的公共科技资源和产业服务供给显得尤为关键。

（一）布局构建服务于全行业的公共平台

结合特色优势食品产业升级发展需要，打造一系列企业公共服务平台。构建营养、质量、风味数据库和行业情报网站、新品查询系统等技术和信息共享平台，方便企业获得科技信息。完善食品产业“双创”服务和产品展销平台，支持大型互联网企业、基础电信企业建设面向食品中小企业的“双创”服务平台和地方产品交易网站，营造大中小企业合作共赢的“双创”新环境，助力特色产业提高知名度。整合区域内科技服务资源，构建技术服务公共平台、质量检验中心和“企业法律之家”，为产业技术提升和权益保护提供全方位的技术和咨询服务，实现技术和创新资源共享。

（二）着力培育高质量的技术服务机构

利用好高校院所科教资源和行业协会的协调服务功能，精准对接食品产业技术短板和共性需求，发挥技术实力，深挖创新潜力，鼓励制度创新，发展专门化的技术服务业，提升高校院所的技术服务水平和比较优势，建立跨区域、跨行业、跨领域的新型服务机构，提供优质计量、标准、检验检测、认证认可等服务，做好定向研发和行业技术

创新服务，降低企业的技改和研发成本，以高质量的科技创新服务供给带动产业转型升级，形成全国知名的食品产业技术服务高地。

五、强化质量监管，完善标准体系

作为连结民生福祉的重要行业，食品制造业的发展有赖于不断完善、扎实推进的行业标准和规范。因此，应当充分发挥监管端的监督职能，一方面为食品制造业的升级发展提供公平规范的产业环境，守护良好的产业形象，另一方面促进产品和工艺标准与时俱进，以标准体系建设促进产品技术的更新换代。

（一）加强食品安全保障，营造规范安全的产业氛围

加强食品安全监管条件和能力建设，强化安全抽检监测和常态化预警交流，推进社会共治，完善全过程、全链条、分层分级的精准防控机制，确保食品安全问题早发现、早预警、早处置，杜绝重大食品安全责任事故发生；建立健全食品质量管理体系，鼓励企业开展质量管理体系和食品安全管理体系认证，提高企业质量管理水平，引导市场主体和从业人员树立质量至上观念；食品安全监管单位、坚持严格执法，设立食品企业名录库、星级榜单和失信黑榜，实行违规企业约谈制度，严厉打击违法违规行为，守牢食品质量安全底线。

（二）完善食品产业标准，抢占食品产业话语权高地

加强特色食品质量评价和生产工艺的标准化研究，制定明确、量化的特色产品质量控制标准体系和标准化加工工艺，更新技术规范和标准，鼓励企业制定企业标准和团体标准，积极推进标准化生产，加快特色农产品质量和工艺标准体系的建立，抢占食品行业话语权和价值高地。

第二节　特色优势食品制造业升级的政策建议

一、建议加强白酒产业创新要素的整合共享，组建国家浓酱白酒产业创新中心

应充分利用好四川省白酒产业领先的品牌、市场和科技要素，通过优质产业资源的共享，强化白酒腰部企业的培育和推广，扩容白酒优质品牌体系；加速白酒和食品、餐

饮、文旅、生物产业的融合发展，探索白酒产业的全球化布局，打造白酒产业新增长点，助推四川白酒“浓酱双优”的产业格局的形成。因此，有必要通过一个全国领先的创新服务机构，带动白酒产业创新要素的迁移和白酒产业的统筹发展。

建议由四川省的发展和改革委员会、财政厅牵头，经济和信息化厅、科学技术厅、商务厅、成都市、泸州市、宜宾市、德阳市、绵阳市等配合，整合全行业资源，组建政府引导、市场主导的国家浓酱白酒产业创新中心。该中心面向全省白酒企业，通过汇聚发酵产业的科技和市场资源，以信息共享、技术开发、中试孵化、品牌运营、供应链金融为主要服务形式，开展白酒产业的前瞻性科技攻关和定制性智力服务，推动全省白酒产业的科学布局和产业结构的良性发展，引导企业高端化发展和错位竞争，从而推动四川省白酒产业盈利的提升，探索白酒产业差异化的升级路径，巩固产业的竞争优势。

二、建议加强对新质生产力在食品生物领域的应用推广研究，成立碳中和未来食品国家重点实验室

抢占食品制造业的技术高地，需要引导高新技术研发向食品与生物制造业的拓展，开展信息技术、新能源、现代化学、智能装备、分子生物学等高技术领域与食品生物制造的交叉研究以及原创性、突破性食品生物技术的应用研究，以新质生产力的广泛应用和带动效应实现食品加工产业的全面现代化和技术引领。

建议由四川省科学技术厅、四川天府新区成都科学城管理委员会牵头，在成都市、眉山市、德阳市、遂宁市等地，布局碳中和未来食品国家重点实验室，通过与国内外顶尖高校院所的技术合作，组建具有信息技术、新能源、新材料、食品生物等多学科背景的创新科研团队，立足四川省食品生物产业优势特色，瞄准行业发展的关键方向，围绕前瞻性、引领性、交叉性技术，在与食品生物产业相关的智能装备、精密检测、关键原料和高效加工四大领域开展应用攻关和原创性技术开发，培育与食品制造业契合的新质生产力，带动生产水平的跨越式提升，实现产业关键技术领域的自立自强，引领行业未来发展。

三、建议提高食品制造企业科技成果转化和行业服务水平，搭建国家优势特色食品生物制造西南科技服务平台

应当依托政府引导，科研机构主导，企业深度参与的科技服务平台，着力发展专门化、定制化的技术服务业，搭建技改实验、技术转化和应用推广的桥梁，从运营、生产、品控、研发、检测、设计等多个方面为企业提供支持和要素保障，有效提高企业的技改和研发效率，克服广大食品中小企业缺乏技术的劣势，提高科研成果的转化应用能力，引领行业人才培养和技术升级。

建议由四川省经济和信息化厅牵头，科学技术厅、财政厅等配合，成立国家优势特色食品生物制造西南科技服务平台，围绕四川省乃至西南地区特色优势食品制造业开展工作。该平台下设科技研发团队，面向产业科技发展方向定制化委托研究、加工工艺、技术和产品开发；下设中试实验基地，为食品企业新工艺的中试验证和智能装备技改提供场所；下设品牌研究中心，帮助企业开展规划、宣传和品牌策划；下设专家服务站，为高校、科研机构和企业“牵线搭桥”，主动促成科研成果的转化变现。通过该平台，形成具有全国影响力的产业技术服务高地。

四、建议强化农业对食品产业发展的支撑作用，成立国家农产品营养健康与标准化研究院

建议由四川大学牵头，中国食品发酵工业研究院、中国标准化研究院、中国食品药品检定研究院等单位参与，成立国家农产品营养健康与标准化研究院，围绕西南地区优势特色食品和农产品的共性技术，开展营养评价和功能因子挖掘、危害物识别与控制研究、质量分级与标准化验收理论构建、农产品信息数字化管理共享等工作，主导特色农产品标准工艺提炼和标准体系构建，突破农产品保质保鲜、有效成分提取、定量评价等实用技术，开发精深加工产品，搭建农产品种质资源、品质特性、质量标准数据共享平台，为农产品的品质的管理提升和地方特色资源的推介提供科学支撑。

附录 1

2021 年全国各省、自治区、直辖市[*]主要农产品和食品

注：*——附录中数据不包括港澳台的统计数据。

2021 年全国各省、自治区、直辖市主要农产品和食品（一）

单位：万 t

农产品和食品	北京	天津	河北	山西	内蒙古	辽宁	吉林	黑龙江	上海	江苏	浙江	安徽	福建	江西	山东	河南
粮食	37.75	249.87	3825.09	1421.25	3840.3	2538.74	4039.24	7867.72	93.96	3746.1	620.9	4087.56	506.42	2192.33	5500.75	6544.17
谷物	36.45	248.43	3664.7	1334.14	3529.09	2485.32	3951.64	7104.39	93.69	3649.62	547.4	3973.61	410.2	2100.12	5336.81	6345.33
稻谷	0.17	54.73	49.6	1.75	115.3	424.62	684.67	2913.73	85.15	1984.63	469.12	1590.43	393.18	2073.94	97.47	476.11
小麦	6.85	72.16	1469.13	243.37	157.24	1.09	1.62	26.27	7.35	1342.22	48.34	1699.73	0.02	3.23	2636.66	3802.81
玉米	29.04	118.28	2066.77	977.57	2994.25	2008.41	3198.44	4149.23	0.68	300.06	25.56	677.46	15.34	21.8	2589.52	2051.73
豆类	0.4	0.55	22.58	21.73	186.79	26.91	62.56	731.68	0.13	70.08	30.03	95.88	12.16	33.14	54.87	78.71
大豆	0.34	0.51	16.28	14.41	168.52	25.07	54.74	718.8	0.13	50.7	21.27	90.91	9.62	27.35	53.51	74.79
薯类	0.91	0.88	137.81	65.38	124.42	26.51	25.05	31.65	0.14	26.41	43.48	18.07	84.06	59.07	109.07	120.13
油料	0.52	0.31	118.36	15.46	213.89	116.18	85.75	13.58	0.49	97.81	31.71	167.14	23.31	130.91	285.89	657.28
花生	0.48	0.29	96.3	1.33	25.68	115.49	83.29	10.48	0.05	40.26	4.95	71.82	22.21	53.56	281.82	588.21
油菜籽	0	0.01	6.01	2.79	32.24	0.11		0.03	0.44	56.38	25.77	91.06	1.02	73.36	2.39	49.44
芝麻	0	0	0.26	0.16	0.02	0.01	0.03	0	0.01	1.13	0.82	2.27	0.04	3.9	0.17	18.17
糖料		0	39.6	0.42	362.09	1.26	1.29	16.03	0.09	6.56	42.37	9.92	28.79	60.68	0.02	9.83
甘蔗		0							0.09	4.72	42.37	7	28.79	60.68		9.83
甜菜			39.6	0.42	362.05	1.26	1.29	16.03		1.84					0.02	
蔬菜	165.6	238.98	5284.21	976.3	993.75	1990.23	490.54	725.43	248.64	5856.57	1933.56	2445.31	1686.5	1730.58	8801.08	7607.15
茶叶			0	0.13	0				0	1.09	18.1	13.73	48.79	7.38	2.85	7.5

水果	48.84	49.43	1445.08	974.87	190.82	856.42	164.09	184.29	32.62	969.13	722.55	778.1	810.29	744.64	3032.59	2455.34
香蕉				0							0.01		46.79			
苹果	3.44	2.55	249.08	430.21	27.78	260.49	6.6	14.34		55.05	0	37.27	0		977.21	405.12
柑橘					0			0	5.31	2.9	180.61	3.32	419.31	444.54		4.8
梨	5.53	7.04	366.58	113.18	7.98	132.05	8.31	5.1	2.89	74.79	35.08	128.37	19.99	16.61	123.32	139.63
葡萄	1.45	7.01	124.69	40.9	5.07	76.25	8.3	8.17	3.93	62.14	76.4	55.7	23.37	10.65	122.89	86.04
肉类	4.42	30.5	464.34	135.38	277.32	435.41	274.65	300.42	9.14	306.51	103.56	456.31	286.54	344.96	819.26	646.81
猪肉	2.63	17.07	265.68	88.42	67.39	238.77	142.42	184.76	7.15	175.16	65.15	238.73	124.34	238.52	355.86	426.78
牛肉	0.43	2.79	55.85	8.96	68.71	31.5	40.85	50.68	0.22	2.79	1.66	11.15	2.56	16.71	61.3	35.53
羊肉	0.19	1.04	33.88	10.39	113.65	6.87	7.63	14.97	0.29	6.57	2.42	21.88	2.3	2.87	33.01	28.87
牛乳	25.85	51.81	498.39	135.15	673.24	138.89	32.69	500.25	29.36	64.88	18.55	47.55	19.43	8.32	288.26	212.15
禽蛋	9.35	19.15	386.83	112.34	61.56	325.26	104.72	109.78	2.59	230.26	30.94	177.1	55.91	62.62	455.43	446.42
蜂蜜	0.1	0.01	1.22	0.84	0.21	0.18	1.13	1.46	0.07	0.53	5.02	1.9	1.79	1.55	0.83	6.52
水产品	16.62	27.33	108.1	5.09	10.68	482.41	24.95	71.85	22.79	493.81	599.05	236.5	853.07	269.51	854.42	94.32
海水产品	15.19	4.33	78.36			397.03			15.94	130.63	457.02		757.49		740.3	
淡水产品	1.43	23	29.74	5.09	10.68	85.38	24.95	71.85	6.84	363.18	142.03	236.5	95.59	269.51	114.12	94.32
原盐		181.75	256.32		138.33	95.67				573.4		141.5	32.84	284.97	1154.81	65.49
成品糖			49.36		67.75			22.96		13.51	1.69		29.51	1.34	114.92	0.22
啤酒	90.63	13.53	179.35	17.92	59.07	171.3	73.62	127.74	27.89	179.69	246.76	79.54	166.1	62.43	461.32	184.58

2021 年全国各省、自治区、直辖市主要农产品和食品（二）

单位：万 t

农产品和食品	湖北	湖南	广东	广西	海南	重庆	四川	贵州	云南	西藏	陕西	甘肃	青海	宁夏	新疆
粮食	2764. 33	3074. 36	1279. 87	1386. 54	146. 03	1092. 84	3582. 14	1094. 86	1930. 3	106. 15	1270. 43	1231. 46	109. 09	368. 44	1735. 78
谷物	2611. 88	2932. 05	1165. 71	1306. 68	127. 11	761. 38	2879. 44	756. 58	1605. 58	103. 88	1132. 57	971. 08	75. 39	331. 28	1704. 14
稻谷	1883. 62	2683. 1	1104. 41	1017. 9	127. 11	493. 05	1493. 4	417. 35	491. 9	0. 45	72. 85	1. 81		41	41. 69
小麦	399. 34	7. 78	0. 09	0. 63		6. 15	245. 3	33. 25	61. 92	20. 12	424. 6	279. 75	38. 73	18. 95	639. 75
玉米	323. 54	234. 11	60. 8	285. 15		254. 56	1084. 7	256. 57	992. 6	2. 96	601. 69	642. 96	15. 26	263. 39	1012. 65
豆类	41. 88	41. 18	11. 44	26. 76	1. 34	42. 15	143. 5	35. 12	109. 15	1. 85	31. 95	35. 76	3. 52	0. 97	10. 77
大豆	37. 21	31. 83	8. 64	15. 94	0. 49	20. 56	104. 4	23. 14	31. 61	0. 03	25. 1	7. 79		0. 23	5. 62
薯类	110. 57	101. 13	102. 72	53. 1	17. 58	289. 31	559. 2	303. 16	215. 57	0. 42	105. 91	224. 62	30. 18	36. 19	20. 87
油料	354. 14	263	117. 3	75. 86	7. 46	68. 48	416. 6	94. 88	63. 89	4. 58	58. 33	58. 79	31. 88	4. 82	34. 6
花生	86. 27	30. 69	115. 87	71. 12	7. 36	14. 28	76. 25	11. 9	8. 2	0. 02	11. 29	0. 16		0. 01	1. 16
油菜籽	251. 78	230. 25	0. 76	3. 36		52. 46	338. 66	80. 87	54. 49	4. 56	38. 97	33. 73	31. 73	0. 54	8. 13
芝麻	13. 07	1. 65	0. 63	1. 15	0. 11	0. 5	0. 3	0. 06	0. 01		1. 07	0			0. 03
糖料	27. 17	34. 98	1306. 6	7365. 11	94. 39	8. 28	38. 65	53. 66	1583. 89		0. 29	15. 88		0. 07	346. 54
甘蔗	27. 17	34. 98	1306. 6	7365. 11	94. 39	8. 28	38. 61	53. 65	1583. 89		0. 23				
甜菜	7						0. 04	0. 01			0. 06	15. 88		0. 07	346. 54
蔬菜	4299. 8	4268. 92	3855. 73	4047. 46	588. 92	2184. 33	5039. 09	3280. 09	2748. 86	89. 47	2012. 82	1655. 25	150. 14	533. 03	1620. 44
茶叶	40. 44	25. 85	13. 95	9. 6	0. 13	5. 08	37. 48	24. 59	50. 21	0. 01	9. 32	0. 16			

水果	1119. 38	1193. 64	1957. 79	3121. 13	525. 67	553. 18	1290. 9	653. 66	1142. 6	3. 01	2141. 13	883. 77	2. 96	262. 77	1659. 51
香蕉			483. 3	309. 79	115. 81	0. 14	5. 17	9	202. 35	0. 06					
苹果	0. 45					0. 61	87. 24	38. 12	69. 84	0. 8	1242. 46	438. 36	0. 42	46. 18	203. 71
柑橘	540. 82	643. 2	522. 98	1607. 44	14. 28	342. 65	522. 28	94. 11	192. 66	0. 06	54. 16	0. 18			
梨	40. 97	20. 46	12. 45	50. 33		32. 5	95. 96	51. 7	82. 46	0. 13	104. 57	27. 96	0. 51	1. 57	179. 59
葡萄	31. 68	26. 84	5. 72	66. 64		12. 93	46. 14	39. 21	100. 82	0. 4	85. 15	26. 86	0. 03	17. 46	326. 97
肉类	425. 51	562. 05	457. 42	440. 97	66. 87	196. 59	664. 04	228. 23	488. 06	27. 36	127. 97	135. 29	40. 03	35. 33	198. 73
猪肉	317. 99	443. 06	263. 23	245. 24	30. 52	142. 01	460. 5	166. 21	360. 38	1. 34	97. 6	64. 07	5. 96	9. 12	49. 85
牛肉	15. 84	21. 3	4. 37	14. 03	2. 13	7. 63	36. 86	23. 59	42. 01	20. 51	8. 95	27. 02	21. 25	11. 83	48. 5
羊肉	9. 65	17. 5	1. 96	4. 02	1. 11	6. 93	27. 08	4. 88	21. 14	5. 1	10. 15	33. 5	12. 32	11. 47	60. 44
牛乳	9. 61	5. 7	17. 23	13. 09	0. 1	3. 07	68. 32	4. 92	68. 39	48. 85	104. 6	66. 64	35. 39	280. 51	211. 53
禽蛋	196. 72	117. 9	43. 66	27. 08	5. 02	47. 87	169. 24	27. 7	41. 72	0. 71	63. 4	22. 3	1. 37	12. 87	40. 98
蜂蜜	1. 96	1. 52	4. 04	2. 64	0. 11	2. 21	6. 27	0. 39	1. 29	0	1. 17	0. 61	0. 02	0. 06	1. 61
水产品	483. 21	266. 11	884. 52	354. 81	164. 09	54. 53	166. 49	26. 21	65. 77	0. 08	17. 07	1. 42	1. 83	16. 6	17. 05
海水产品			455. 04	208. 53	127. 38										
淡水产品	483. 21	266. 11	429. 47	146. 28	36. 72	54. 53	166. 49	26. 21	65. 77	0. 08	17. 07		1. 83	16. 6	17. 05
原盐	560. 61	332. 75	2. 99		4. 41	241. 16	534. 5		164. 17			12. 15	400. 52	96. 14	432. 01
成品糖	0. 17	1. 69	134. 13	702. 74	8. 88	0. 85	2. 19	0. 74	247. 35			4. 46			45. 27
啤酒	105. 22	69. 76	408. 25	116. 5	4. 17	80. 4	249. 94	109. 6	80. 67	12. 31	65. 92	41. 93	1. 7	21. 01	53. 58

附录 2

四川省地理标志产品（证明商标）名录

四川省地理标志产品（证明商标）名录

食用菌	蔬菜	饮料和酒
青川竹荪（广元青川，2012）	米易苦瓜°（攀枝花米易，2013）	绵竹大曲*（绵竹市）
长宁竹荪（宜宾长宁，2016）	仪陇胭脂萝卜（南充仪陇，2015）	李庄白酒（宜宾翠屏，2016）
攀枝花块菌（攀枝花，2013）	木龙观红萝卜（绵阳游仙，2012）	郎酒（酱香型）*（古蔺县）
会东块菌（凉山会东，2013）	康定红皮萝卜°（甘孜康定，2015）	崇阳酒（成都崇州，2011）
青川黑木耳*（广元青川，2007）	云桥圆根萝卜°（成都郫都，2014）	保宁压酒（南充阆中，2012）
南江黑木耳*（巴中南江，2012）	镇西白萝卜°（内江威远，2010）	䢺江青梅酒（成都大邑，2013）
黄金黑木耳°（达州宣汉，2012）	涪城芦笋°（绵阳涪城，2019）	芝溪玉液（遂宁市蓬溪县，2017）
石渠白菌°（甘孜石渠，2018）	恩阳芦笋°（巴中恩阳，2017）	泸州酒（泸州，2006）
利州香菇（广元利州，2013）	渠县黄花（达州渠县，2009）	宜宾酒（宜宾，2010）
南江香菇*（巴中南江，2018）	大罗黄花°（巴中巴州，2014）	中国白酒金三角（四川18市州，2012）
老君香菇°（达州宣汉，2012）	西岭佛手瓜（成都大邑，2017）	**调味品和泡菜**
通江银耳（巴中通江，2004）	马湖莼菜（凉山雷波，2014）	东兴椒（内江东兴，2011）
南江银耳*（巴中南江，2018）	煎茶竹丝茄（成都天府新区，2017）	盐源辣椒°（凉山盐源，2015）
金堂羊肚菌（成都金堂，2017）	新民场生菜（成都郫都，2017）	双流二荆条辣椒（成都双流，2009）
青川羊肚菌（广元青川，2018）	大竹香椿（达州大竹，2010）	西充二荆条辣椒（南充西充，2010）
雅江松茸*（甘孜雅江，2014）	彭州莴笋°（成都彭州，2012）	巴塘南区辣椒°（甘孜巴塘，2012）
乡城松茸（甘孜乡城，2009）	永福生姜°（内江东兴，2012）	黑竹沟藤椒°（乐山峨边，2013）
雅江黑虎掌*（甘孜雅江，2018）	曾家山甘蓝（广元朝天，2013）	峨眉山藤椒°（乐山峨眉山，2010）
金堂姬菇°（成都金堂，2011）	大兴蒜薹（凉山西昌，2013）	越西贡椒°（凉山粤西，2011）
蔬菜	康定芫根°（甘孜康定，2010）	朝天曾家山辣椒*（广元朝天，2018）
兴文方竹笋（宜宾文兴，2016）	**饮料和酒**	茂县花椒（阿坝茂县，2010）
都江堰方竹笋°（成都都江堰，2016）	峨眉山矿泉水（乐山峨眉山，2015）	沿滩花椒*（自贡沿滩，2022）
崇州牛尾笋（成都崇州，2012）	东柳醪糟（达州大竹，2011）	汉源花椒（雅安汉源，2014）
峨边竹笋（乐山峨边，2013）	邛酒（成都邛崃，2012）	得荣树椒（甘孜得荣，2006）
南江竹笋*（巴中南江，2018）	江口醇酒（巴中平昌，2010）	九龙花椒（甘孜九龙，2012）
荥经竹笋°（雅安荥经，2017）	五粮液系列白酒*（宜宾）	广安青花椒*（广安，2017）
天全竹笋°（雅安天全，2019）	泸州老窖*（泸州）	蓬溪青花椒（遂宁蓬溪，2013）
长宁苦笋（宜宾长宁，2018）	剑南春酒*（绵竹市）	泸县青花椒（泸州泸县，2017）
昭化韭黄（广元昭化，2011）	国窖1573*（泸州）	平昌青花椒（巴中平昌，2017）
唐元韭黄（成都郫都，2009）	王泗白酒（成都大邑，2012）	金阳青花椒（凉山金阳，2006）
新津韭黄°（成都新津，2011）	沱牌系列酒*（射洪市）	新店七星椒（内江威远，2007）
龙王贡韭°（成都市，2009）	尖庄*（宜宾市）	峨眉山藤椒*（乐山峨眉山，2017）
西昌洋葱（凉山西昌，2010）	舍得系列酒*（射洪市）	洪雅藤椒油（眉山洪雅，2012）
江油百合（绵阳江油，2016）	水井坊酒*（成都）	汉源花椒油（雅安汉源，2014）

续表

调味品和泡菜	调味品和泡菜	茶
峨眉山藤椒油*（乐山峨眉山，2017）	南充冬菜（南充，2011）	夏立茶°（内江威远，2010）
田家紫皮大蒜（内江东兴，2011）	新都泡菜（成都新都，2011）	天府龙芽°（四川，2018）
彭州大蒜（成都彭州，2008）	宜宾大头菜（宜宾翠屏，2017）	万源富硒茶°（达州万源，2010）
温江大蒜（成都温江，2006）	资中冬尖（内江资中，2008）	屏山炒青茶（宜宾屏山，2011）
炉霍大蒜*（甘孜炉霍，2020）	乳制品	蒲江雀舌（成都蒲江，2008）
德源大蒜（成都郫都，2021）	牦牛奶粉（阿坝红原，2015）	洪雅绿茶（眉山洪雅，2011）
新都大蒜°（成都新都，2020）	牦牛奶（阿坝红原，2015）	蒙山茶（雅安市，2001）
道孚大葱（甘孜道孚，2014）	麦洼牦牛曲拉（阿坝红原，2020）	广安松针*（广安市，2016）
黑水大蒜°（阿坝黑水，2018）	麦洼牦牛酥油（阿坝红原，2020）	都江堰茶叶°（成都都江堰，2016）
琅环小香葱（凉山西昌，2011）	糕点和糖果	罗村茶（巴中通江，2012）
犍为生姜*（乐山犍为，2018）	峨眉糕（峨眉山，2014）	纳溪特早茶（宜宾纳溪，2017）
西坝生姜°（乐山五通桥，2014）	梓潼酥饼（绵阳梓潼，2011）	马边绿茶（乐山马边，2008）
牛滩生姜（泸州泸，2017）	仁寿芝麻糕（眉山仁寿，2013）	广元黄茶*（广元市，2014）
犍为麻柳姜°（乐山犍为，2010）	汤麻饼（成都崇州，2012）	米仓山茶（广元旺苍，2009）
千佛竹根姜°（南充阆中，2017）	中子月饼（广元朝天，2021）	犍为茉莉花茶（乐山犍为，2010）
郫县豆瓣（成都郫都，2005）	丹棱冻粑（眉山丹棱，2011）	宜宾早茶（宜宾市，2010）
五通桥豆腐乳（乐山五通桥，2011）	长宁黄粑（宜宾长宁，2020）	大竹白茶（达州大竹，2020）
唐场豆腐乳（成都大邑，2012）	蒲江米花糖（成都浦江，2013）	高县黄金芽*（宜宾高县，2022）
卓筒井盐（遂宁大英，2014）	米易红糖（攀枝花米易，2015）	南江大叶茶°（巴中南江，2009）
广元山葵*（广元，2018）	水淘糌粑（甘孜，2018）	邛崃黑茶（成都邛崃，2015）
先市酱油（泸州合江，2013）	香油米花糖（乐山市中，2015）	筠连红茶（宜宾筠连，2011）
隆昌酱油（内江隆昌，2015）	油	雅安藏茶*（雅安市，2017）
中坝口蘑酱油（绵阳江油，2004）	广元橄榄油（广元，2011）	老鹰茶（雅安石棉，2012）
德阳酱油（德阳旌阳，2011）	达州橄榄油（达州开江，2010）	凉山苦荞茶（凉山州，2013）
温江酱油（成都温江，2013）	南江核桃油*（巴中南江，2019）	筠连苦丁茶（宜宾筠连，2010）
太源井晒醋（自贡沿滩，2013）	炉霍菜籽油*（甘孜炉霍，2020）	屏山炒青°（宜宾屏山，2009）
卓筒井盐（遂宁大英，2014）	茶	鹿鸣贡茶（宜宾市珙县，2018）
富顺豆花蘸水（自贡富顺，2013）	北川苔子茶（绵阳北川，2008）	云顶茶*（巴中，2019）
富顺香辣酱（自贡富顺，2010）	漆碑茶（达州宣汉，2013）	崇庆枇杷茶°（崇州崇庆，2009）
四川泡菜°（四川省，2010）	峨眉山茶（乐山峨眉山，2008）	林产食品
仪陇酱瓜（南充仪陇，2012）	雪域俄色茶（甘孜炉霍，2010）	屏山白魔芋（宜宾屏山，2016）
大邑榨菜（成都大邑，2013）	国胜茶（攀枝花盐边，2008）	青川魔芋*（广元青川，2018）
东坡泡菜（眉山东坡，2008）	七佛贡茶（广元青川，2008）	安县魔芋（绵阳安州，2013）

续表

林产食品	林产食品	畜禽品种
金阳白魔芋（凉山金阳，2006）	得荣蜂蜜°（甘孜得荣，2016）	九龙牦牛°（甘孜九龙，2014）
峨眉山雪魔芋（乐山峨眉山，2011）	黑水中蜂蜜°（阿坝黑水，2015）	金川多肋牦牛°（阿坝金川，2011）
北川花魔芋（绵阳北川，2010）	宜宾油樟*（宜宾市，2017）	麦洼牦牛（阿坝红原，2015）
沐川魔芋*（乐山沐川，2017）	金钗石斛（泸州合江，2015）	筠连黄牛（宜宾筠连，2016）
川芎（成都都江堰，2006）	叠鞘石斛（乐山夹江，2013）	峨边花牛*（凉山峨边，2011）
南江金银花（巴中南江，2005）	豆及豆制品	会理黑山羊（凉山会理，2010）
苍溪川明参（广元苍溪，2013）	南溪豆腐干（宜宾南溪，2008）	营山黑山羊（南充营山，2008）
阆中川明参°（南充阆中，2009）	红白豆腐干（德阳市什邡市，2016）	江安黑山羊（宜宾江安，2017）
中江丹参（德阳中江，2008）	船山豆腐皮（遂宁船山，2013）	乐至黑山羊°（资阳乐至，2018）
金堂明参（成都金堂，2010）	观音豆干（达州市大竹县，2017）	会东黑山羊°（凉山会东，2012）
巴州川明参（巴中巴州，2011）	隆昌豆杆（内江隆昌，2013）	金堂黑山羊°（成都金堂，2012）
金口河乌天麻（乐山金口河，2009）	剑门关豆腐（广元剑阁，2011）	黄甲麻羊（成都双流，2015）
青川天麻（广元青川，2010）	沙河豆腐（宜宾高县，2016）	大邑麻羊（成都大邑，2017）
平武天麻（绵阳平武，2013）	河舒豆腐（南充蓬安，2013）	美姑山羊°（凉山美姑，2010）
南江天麻*（巴中南江，2018）	罗泉豆腐（内江资中，2012）	南江黄羊（巴中南江，2012）
荥经天麻°（雅安荥经，2010）	罗江花生（德阳罗江，2014）	若尔盖藏系绵羊（阿坝若尔盖，2021）
米易山药°（攀枝花米易，2013）	五宝花生（自贡贡井，2013）	石渠藏系绵羊°（甘孜石渠，2017）
中江白芍（德阳中江，2013）	扯蔸子花生（广元朝天，2017）	凉山半细毛羊°（凉山州，2012）
盐亭桑叶（绵阳盐亭°，2020）	畜禽品种	开江白鹅°（达州开江，2012）
涪城麦冬（绵阳涪城，2006）	内江猪（内江，2011）	西昌钢鹅°（凉山西昌，2012）
会东松籽（凉山会东，2011）	邛崃黑猪（成都邛崃，2015）	南溪白鹅（宜宾南溪，2016）
朝天核桃（广元朝天，2007）	青峪猪（巴中通江，2014）	溪芝鹅（遂宁蓬溪，2011）
南江山核桃（巴中南江，2006）	巴山猪（巴中巴州，2012）	镇龙山瓦灰鸡（巴中平昌，2017）
平武核桃（绵阳平武，2011）	屏山黑猪（宜宾屏山，2017）	攀枝花嘴嘴鸡（攀枝花西区，2012）
卡子核桃（阿坝理县，2013）	西昌高山黑猪°（凉山西昌，2011）	彭县黄鸡（成都彭州，2018）
空山核桃（巴中通江，2013）	螺髻山黑猪°（凉山普格，2015）	山地乌骨鸡（绵阳文兴，2013）
利州红栗（广元利州，2013）	稻城藏香猪（甘孜稻城，2010）	巴山土鸡（巴中，2011）
川白芷（遂宁，2008）	色湾藏香猪（阿坝州，2017）	黑水凤尾鸡°（阿坝黑水，2014）
刀党（阿坝九寨沟，2008）	射洪野香猪（遂宁射洪，2013）	剑门关土鸡（绵阳，2011）
九寨沟蜂蜜°（阿坝九寨沟，2014）	九寨沟藏香猪*（甘孜九寨沟，2022）	乡城藏鸡（甘孜乡城，2013）
唐家河蜂蜜°（广元青川，2012）	雷波芭蕉芋猪°（凉山雷波，2011）	金阳丝毛鸡（凉山金阳，2016）
阿坝蜂蜜（阿坝马尔康，2013）	乡城藏猪°（甘孜乡城，2018）	旧院黑鸡（巴中万源，2011）
南江蜂蜜*（巴中南江，2017）	若尔盖牦牛（阿坝若尔盖 2021）	泸宁鸡°（凉山冕宁，2011）

续表

畜禽品种	水果	水果
喜德阉鸡°（凉山喜德，2011）	安仁葡萄（成都大邑，2013）	资中血橙（内江资中，2010）
美姑岩鹰鸡°（凉山美姑，2010）	彭山葡萄（眉山彭山，2015）	安岳柠檬（资阳安岳，2020）
乐道子鸡°（泸州纳溪，2014）	华蓥葡萄*（广安华蓥，2017）	大英白柠檬°（遂宁大英，2014）
螺髻山乌骨鸡°（凉山普格，2015）	恩阳葡萄*（乐山马边，2018）	贡井龙都早香柚°（自贡市，2014）
乡城藏鸡蛋（甘孜乡城，2013）	西昌葡萄°（凉山西昌，2018）	达川安仁柚°（达州达川，2017）
旧院黑鸡蛋（巴中万源，2011）	永安葡萄°（成都双流，2018）	蓬溪矮晚柚°（遂宁蓬溪，2016）
乐道子鸡蛋°（泸州纳溪，2014）	小金酿酒葡萄°（凉山小金，2016）	南部脆香甜柚（南充南部，2009）
开江麻鸭°（达州开江，2013）	曹家梨（眉山仁寿，2017）	龙安柚（广安广安，2008）
建昌鸭°（凉山西昌，2012）	苍溪雪梨（广元苍溪，2008）	新都柚°（成都新都，2014）
青竹江娃娃鱼（广元青川，2013）	汉源雪梨°（雅安汉源，2013）	天宝蜜柚（绵阳梓潼，2015）
汉王山娃娃鱼（广元旺苍，2012）	广安蜜梨（广安华蓥，2013）	白市柚（广安广安，2011）
云崖兔（成都双流，2010）	江安大白梨°（宜宾江安，2011）	通贤柚（资阳安岳，2011）
武胜金甲鲤（广安武胜，2016）	射洪金华清见°（遂宁射洪，2013）	安居沙田柚*（遂宁安居，2020）
盐亭莲花湖鲢鱼（绵阳盐亭，2020）	盐亭贡柑*（绵阳盐亭，2020）	九狮柚（泸州龙马潭，2017）
雅鱼（雅安雨城，2011）	金石井柑橘*（乐山犍为，2018）	真龙柚°（泸州合江，2012）
白龙湖银鱼（广元青川，2011）	井研柑橘°（乐山井研，2019）	护国柚°（泸州纳溪，2011）
资中鲶鱼（内江资中，2009）	丹棱桔橙°（眉山丹棱，2013）	仪陇元帅柚°（南充仪陇，2012）
新津黄辣丁（成都新津，2010）	蒲江粑粑柑（成都蒲江，2020）	九寨沟柿子°（阿坝九寨沟，2012）
乐至白乌鱼（资阳乐至，2012）	石棉黄果柑（雅安石棉，2010）	米易枇杷（攀枝花米易，2017）
永安白乌鱼（内江市中，2010）	武胜大雅柑*（广安武胜，2020）	双流枇杷（成都双流，2007）
江口青鳙（巴中平昌，2014）	雁江蜜柑（资阳市雁江，2008）	文宫枇杷（仁寿县，2015）
梓江鳜鱼°（绵阳市盐亭，2020）	蒲江杂柑°（成都蒲江，2011）	龙泉驿枇杷（成都龙泉驿，2012）
恩阳巴鱼儿*（巴中恩阳，2019）	金堂黄金果°（成都金堂，2019）	新桥枇杷（自贡荣县，2013）
苍溪鳖°（广元苍溪，2020）	江安夏橙°（宜宾江安，2011）	资中枇杷（内江资中，2012）
水果	蓬安锦橙°（南充蓬安，2011）	天仙硐枇杷°（泸州纳溪，2012）
都江堰猕猴桃（成都都江堰，2007）	邻水脐橙（广安邻水，2013）	攀枝花枇杷（攀枝花，2010）
蒲江猕猴桃（成都蒲江，2010）	武胜脐橙*（广安武胜，2012）	石棉枇杷°（雅安石棉，2011）
马边猕猴桃（乐山马边，2013）	雷波脐橙（凉山雷波，2010）	大邑金蜜李（成都大邑，2015）
兴文猕猴桃（宜宾文兴，2017）	西凤脐橙°（南充西充，2013）	宜宾茵红李°（宜宾，2013）
苍溪红心猕猴桃（苍溪县）	金堂脐橙°（成都金堂，2010）	茂县李°（阿坝州，2012）
雨城猕猴桃（雅安雨城，2014）	木里皱皮柑°（凉山木里，2014）	达州脆李°（达州宣汉，2011）
邛崃猕猴桃°（成都邛崃，2010）	蒲江丑柑（成都蒲江，2015）	平武果梅°（绵阳平武，2015）
沐川猕猴桃°（乐山沐川，2010）	红格脐橙（攀枝花盐边，2010）	达县乌梅（达州达川，2010）

续表

水果	水果	粮食及制品
合江荔枝（泸州合江，2009）	芭蕉木瓜°（南充仪陇，2011）	峰城玉米°（达州宣汉，2015）
大塔荔枝°（宜宾宜宾，2019）	大田石榴°（攀枝花仁和，2011）	炉霍黑青稞*（甘孜炉霍，2020）
嘉州荔枝°（乐山市中，2015）	会理石榴（凉山会理，2007）	甘孜青稞°（甘孜，2013）
崭山米枣°（绵阳三台，2010）	德昌桑椹（凉山德昌，2015）	宜宾糯红高粱°（宜宾，2015）
罗江贵妃枣°（德阳罗江，2010）	盐边桑葚°（攀枝花盐边，2013）	泸州糯红高粱°（泸州，2010）
盐源苹果（凉山盐源，2009）	粮食及制品	凉山苦荞麦°（凉山，2010）
茂汶苹果°（阿坝茂县，2013）	宣汉桃花米（达州宣汉，2009）	甘洛黑苦荞°（凉山甘洛，2010）
攀枝花芒果°（攀枝花仁和，2010）	岳池黄龙贡米（广安岳池，2011）	周礼粉条（资阳安岳，2011）
龙泉驿水蜜桃（龙泉驿区）	米城大米（达州达川，2010）	筠连粉条（宜宾筠连，2016）
简阳晚白桃°（资阳简阳，2010）	隆兴大米°（成都崇州，2018）	天池藕粉（资阳乐至，2010）
大竹秦王桃（达州大竹，2012）	富顺再生稻°（自贡富顺，2010）	羊田粉条（宜宾高县，2018）
蓬溪仙桃°（遂宁蓬溪，2012）	长赤翡翠米*（巴中南江，2018）	蓬溪粉条（遂宁蓬溪，2020）
三元油桃°（成都青白江，2019）	大山香米（南充仪陇，2006）	肉制品
松林桃°（德阳广汉，2013）	黄龙贡米（广安岳池，2011）	东坡肘子（眉山，2013）
充国香桃°（南充西充，2012）	王家贡米（广元昭化，2015）	盐边油底肉（攀枝花盐边，2012）
福洪杏（成都青白江，2011）	岳池米粉*（广安岳池，2012）	汉源坛子肉（雅安汉源，2013）
汶川甜樱桃（阿坝汶川，2017）	合什手工面（宜宾宜宾，2016）	冕宁火腿°（凉山冕宁，2011）
泸定红樱桃°（甘孜泸定，2011）	古蔺面（古蔺县，2016）	丹巴香猪腿°（甘孜丹巴，2014）
汉源樱桃°（雅安汉源，2014）	中江挂面（德阳中江，2011）	简阳羊肉（简阳，2011）
越西甜樱桃°（凉山越西，2010）	曾家山马铃薯°（广元朝天，2011）	万源老腊肉°（达州万源，2013）
双流冬草莓（成都双流，2005）	炉霍紫皮马铃薯*（甘孜炉霍，2020）	宣汉牛肉（达州宣汉，2015）
德昌草莓°（凉山德昌，2020）	宁南冬季马铃薯°（凉山宁南，2016）	灯影牛肉（达州通川，2015）
中坝草莓°（攀枝花仁和，2014）	峨边马铃薯°（乐山峨边，2012）	任市板鸭°（达州开江，2014）
乡城蓝莓（乡城县）	空山马铃薯°（巴中通江，2013）	彭州九尺板鸭*（成都彭州，2014）
安仁蓝莓（成都大邑，2015）	万源马铃薯°（巴中万源，2009）	自贡冷吃兔（自贡自流井，2014）
盐边西瓜°（攀枝花市，2013）	凉山°马铃薯（凉山西昌，2009）	广汉缠丝兔°（德阳广汉，2012）
泸州桂圆°（泸州市，2010）	安居红苕（遂宁安居，2013）	自贡火边子牛肉（自贡大安，2012）
张坝桂圆（泸州，2017）	西充黄心苕°（南充西充，2011）	
威远无花果（内江威远，2015）	金堂紫薯（成都金堂，2011）	

注：*为知识产权局商标局认定的地理标志证明商标，°为农业农村部认定的农产品地理标志，其余为原质监总局和知识产权局认定的地理标志产品。

附录3

英文简写释义一览表

英文简写释义一览表

英文简写	英文全称	中文名称
CR	Concentration ratio	行业集中度
CRM	Customer relationship management system	客户关系管理系统
ERP	Enterprise Resource Planning	企业资源计划
FAO	Food and Agriculture Organization of the United Nations	联合国粮农组织
GDP	Gross domestic products	国内生产总值
GNAFC	Global Network Against Food Crises	全球应对粮食危机网络
HRS	Human Resource System	人力资源系统
ICS	Industrial control system	工业控制系统
KMS	Knowledge Management System	知识管理系统
LIMS	Laboratory Information Management System	实验室信息管理系统
MES	Manufacturing Execution System	制造执行系统
OA	Office Automation	办公自动化
PCS	Process control systems	过程控制系统
PMS	Project management system	项目管理系统
SCM	Supply Chain Management	供应链管理
SDGs	Sustainable Development Goals	联合国可持续发展目标
TMS	Transportation Management System	运输管理系统
USDA	US Department of Agriculture	美国农业部
USDC	US Department of Commerce	美国商务部
WMS	Warehouse Management System	仓储管理系统

附录 4

我国官方食品展会

我国官方食品展会一览表

展会名称	主办单位	行业领域	常驻会址	创始年份
全国糖酒商品交易会（糖酒会）	中国糖业酒类集团公司	食品饮料	成都	1955
中国进出口商品交易会（广交会）	中华人民共和国商务部、广东省人民政府	综合	广州	1957
中国绿色食品博览会（绿博会）	中国绿色食品发展中心、中国绿色食品协会	绿色食品	全国轮办	1990
中国 哈尔滨国际经济贸易洽谈会（哈洽会）	中国国际商会、哈尔滨市人民政府、黑龙江省商务厅、中国国际贸易促进委员会黑龙江省委员会	综合	哈尔滨	1990
中国杨凌农业高新科技成果博览会（农高会）	中华人民共和国科技部、中华人民共和国商务部、中华人民共和国农业农村部、国家林业和草原局、国家知识产权局、中国科学院、陕西省人民政府	农业	杨凌	1994
中国食品博览会	中国商业联合会、中国食品工业协会	食品饮料	武汉	1995
中国国际高新技术成果交易会（高交会）	中华人民共和国商务部、中华人民共和国科学技术部、中华人民共和国工业和信息化部、国家发展和改革委员会、中华人民共和国农业农村部、国家知识产权局、中国科学院、中国工程院、深圳市人民政府	高新技术	深圳	1999
中国西部国际博览会	中华人民共和国国家发展和改革委员会、中华人民共和国商务部、中华人民共和国工业和信息化部	综合	成都	2000
中国国际中小企业博览会（中博会）	中华人民共和国工业和信息化部、国家市场监督管理总局、广东省人民政府	综合	广州	2003
中国（山东）国际糖酒食品交易会（山东糖酒会）	济南市工业和信息化局、济南市商务局服务保障，济南市食品工业协会与山东国际展览有限公司	食品饮料	济南	2006
SIAL 中国国际食品和饮料展览会（中食展）	商业发展中心、法国高美艾博展览集团	食品饮料	上海	2000
中国长春国际农业·食品博览（交易）会（长春农博会）	中华人民共和国农业农村部、吉林省人民政府、长春市人民政府	农产品和食品	长春	2000
中国-东盟博览会（东博会）	中华人民共和国商务部、东盟秘书处	综合	南宁	2003
中国（黑龙江）国际绿色食品产业博览会（绿博会）	中国国际贸易促进委员会、黑龙江省人民政府	食品饮料	哈尔滨	2021

续表

展会名称	主办单位	行业领域	常驻会址	创始年份
全国食品博览会	济南市人民政府、山东省经信委、中国国际贸易促进委员会	食品饮料	济南	2006
中国西安国际食品博览会（西安食博会）	陕西省工业和信息化厅	食品饮料	西安	2008
北京国际食品饮料展览会	中国商业联合会、中国饭店协会	食品饮料	北京	2010
中国-亚欧博览会	中华人民共和国商务部、中华人民共和国外交部、中国国际贸易促进委员会、新疆维吾尔自治区人民政府	综合	乌鲁木齐	2011
中国—东北亚博览会（简称东北亚博览会）	中华人民共和国商务部、中华人民共和国国家发展和改革委员会、中国国际贸易促进委员会、吉林省人民政府	综合	长春	2012
中国—阿拉伯国家博览会（中阿博览会）	中华人民共和国商务部、中国国际贸易促进委员会、宁夏回族自治区人民政府	综合	银川	2013
中国-南亚博览会（南博会）	中华人民共和国商务部、云南省人民政府	综合	昆明	2013
中国—俄罗斯博览会（中俄博览会）	中华人民共和国商务部、黑龙江省人民政府	综合	哈尔滨	2014
中国国际食品餐饮博览会（食餐会）	中华人民共和国商务部、湖南省人民政府	食品和餐饮	长沙	2016
中国（淮安）国际食品博览会	中国国际商会、中国食品工业协会、中国烹饪协会	食品饮料	淮安	2017
中国国际进口博览会（进博会）	中华人民共和国商务部、上海市人民政府	综合	上海	2018
中国国际茶叶博览会	中华人民共和国农业农村部、浙江省人民政府	茶	杭州	2018
中国-中东欧国家博览会暨国际消费品博览会（中东欧博览会）	浙江省人民政府、中华人民共和国商务部	综合	宁波	2019
中国-非洲经贸博览会	中华人民共和国商务部、湖南省人民政府	综合	长沙	2019
郑州食品博览会	河南省商务厅、商务部外贸发展事务局、郑州市人民政府	食品饮料	郑州	2020
中国国际消费品博览会（消博会）	中华人民共和国商务部、海南省人民政府	综合	海口	2020
中国品牌农业大会（中农展）	全国工商联农业产业商会、上海万果易鲜会展有限公司	农产品	上海	2022 年

参考文献

[1] 张彦. 全球价值链调整与中国制造业的攀升风险：总体国家安全观的视角［J］. 情报杂志，2020，39（12）：40-49.

[2] 国务院. 中国制造 2025［R/OL］. 2015. https：//www. gov. cn/zhengce/content/2015-05/19/content_9784. htm.

[3] 中华人民共和国中央人民政府. 中华人民共和国国民经济和社会发展第十四个五年规划和 2035 年远景目标纲要［R/OL］. 2021. https：//www. gov. cn/xinwen/2021-03/13/content_5592681. htm? pc.

[4] 中华人民共和国国家质量监督检验检疫总局，中国国家标准化管理委员会. 国民经济行业分类［S］. GB/T 4754-2017. 2017.

[5] 国家统计局工业统计司. 中国工业统计年鉴 2020［M］. 中国统计出版社，2020.

[6] 对外经济贸易大学国际经济研究院课题组. 中国出口产业国际竞争力研究报告［M］. 人民日报出版社，2012.

[7] 吕铁. 90 年代我国制造业增长的来源分析［J］. 中国工业经济 2000，1（12）：45-50.

[8] 申丹虹，赵筱楠. 食品加工业全要素生产率及其影响因素研究——基于人工智能和农业效率的视角［J］. 湖北农业科学，2022，61（10）：165-172，221.

[9] 张志强，张诺. 食品制造业服务化程度对企业绩效的影响研究［J］. 食品科技，2023，1（1）：103-107.

[10] 王丹，郭美娜. 上海制造业服务化的类型、特征及绩效的实证研究［J］. 上海经济研究，2016，1（5）：94-104.

[11] U. S. Department of Agriculture. Selected Charts from Ag and Food Statistics - Charting the Essentials［R/OL］. 2023.

[12] Japan Country Profile［EB］. Food Export Association of the Midwest USA and Food Export USA - Northeast，https：//www. foodexport. org/export-insights/market-and-country-profiles/japan-country-profile.

[13] USDA Foreign Agricultural Service. Japan FOOD PROCESSING SECTOR Food Processing Report［R/OL］. 2018.

[14] The German food sector［EB］. 2023. https：//www. lebensmittelverband. de/en/food/industry-sector.

[15] OZBUN T. U. S. food retail industry tatistics & facts [EB]. 2023. https：//www. statista. com/topics/1660/food-retail/#topicOverview.
[16] 支艳蓉 . 13 万观众观展！2023 中国休闲食品饮料博览会圆满落幕 [EB]. 2023. http：//expo. ce. cn/gd/202306/20/t20230620_38598336. shtml.
[17] 致敬改革开放 40 年《山东省食品工业发展报告》正式发布 [EB]. 2018. https：//baijiahao. baidu. com/s? id=1619817858764827349&wfr=spider&for=pc.
[18] 侯冰玉 . 让"河南味道"香飘全球 [N]. 郑州：大河报，2023.
[19] 曹晓丰，杨有军 . 乡村振兴背景下农产品加工物流发展困境与措施探析 [J]. 知识经济，2022，34：33-35.
[20] 王自鹏，曾晓丹，张其圣，等 . 四川省食品饮料产业发展现状及对策建议 [J]. 四川农业科技，2021，1（11）：17-18，21.
[21] 陈汐 . 唱响"川字号"推进农产品精深加工产业高质量发展 [J]. 乡村振兴，2022，3：40-41.
[22] 马克思，恩格斯 . 马克思恩格斯全集 [M]. 人民出版社，1960. 202.
[23] 邓晖 . 食品行业深度报告：新鲜时代已来，聚焦四大主线 [EB]. 2020. https：//baijiahao. baidu. com/s? id=1686222036445549860&wfr=spider&for=pc.
[24] Germany Trade & Invest. Industry Overview-The Food & Beverage Industry in Germany [EB]. 2022.
[25] 林桂军，何武（2015）全球价值链下我国装备制造业的增长特征 国际贸易问题 6：3-24.